Peitz/Hoffmann-Born
Arzthaftung
bei problematischer Fahreignung

W0070503

# Arzthaftung bei problematischer Fahreignung

Von
Jürgen Peitz
und
Hannelore Hoffmann-Born

KIRSCHBAUM VERLAG BONN

*Für Jürgen Wolff*

ISBN 3 7812 1628 4

© Kirschbaum Verlag GmbH, Fachverlag für Verkehr und Technik
Siegfriedstraße 28, 53179 Bonn, Fax 02 28 / 9 54 53 27
Internet www.kirschbaum.de
Satz: Mohr Mediendesign, Bonn
Druck: Medienhaus Plump, Rheinbreitbach
Juni 2005 · Bestell-Nr. 1628

Alle in diesem Buch enthaltenen Angaben, Daten, Ergebnisse etc.
wurden von den Autoren nach bestem Wissen erstellt und von ihnen
und dem Verlag mit größtmöglicher Sorgfalt überprüft.
Gleichwohl sind inhaltliche Fehler nicht völlig auszuschließen.
Autoren und Verlag können deshalb für etwaige inhaltliche Unrichtigkeiten
keine Haftung übernehmen.

Das Werk einschließlich aller seiner Teile ist urheberrechtlich geschützt.
Jede Verwertung außerhalb der engen Grenzen des Urheberrechtsgesetzes
ist ohne Zustimmung des Verlages unzulässig. Das gilt insbesondere
für Vervielfältigungen, Übersetzungen, Mikroverfilmungen und
die Einspeicherung und Verarbeitung in elektronischen Systemen.
Zuwiderhandlungen sind strafbar und verpflichten zum Schadensersatz.

# Vorwort

Die individuelle Mobilität genießt in unserer Gesellschaft einen hohen Stellenwert. Deshalb bedeutet ein zeitweiliger oder gar endgültiger Verlust der Fahrerlaubnis eine ganz erhebliche Reduktion von Lebensqualität.

Eine Erkrankung, die die Fahreignung einschränkt oder aufhebt, wird deshalb gern geleugnet, ist sie doch zugleich eine Gefahr für das Fortbestehen der Fahrerlaubnis. Gleiches gilt insbesondere für die oft schleichenden altersbedingten körperlichen und geistigen Indispositionen.

Die damit verbundenen Gefahren für die persönliche und allgemeine Verkehrssicherheit sind enorm. Eine hohe Dunkelziffer von Unfällen, die auf Ursachen in der Fahreignung des Kraftfahrers zurückzuführen sind, belastet auch die Versicherungswirtschaft.

**Abhilfe tut Not**

Dieses Buch wendet sich insbesondere an Ärzte, denn sie haften nach der Rechtsprechung des Bundesgerichtshofs ihrem Patienten und an einem Unfall beteiligten Dritten, wenn sie bei erkennbarer Einschränkung oder Aufhebung der Fahreignung ihre Patienten hierüber nicht aufklären oder den Patienten nach einer die Fahreignung tangierenden Behandlung nicht ausreichend überwachen.

Mit diesem Buch erhalten Ärzte aber auch ihre kraftfahrenden Patienten nun einerseits einen kompakten Überblick über die maßgeblichen *Rechtsfragen*, die im Zusammenhang mit dem Behandlungsvertrag stehen. Inbegriffen sind auch versicherungsrechtliche Aspekte, die Arzt und Patient in gleichem Maße berühren.

Andererseits werden die *verkehrsmedizinischen Aspekte* der ärztlichen Tätigkeit beleuchtet, da diese trotz ihrer unfallpräventiven Bedeutung vielfach unterschätzt werden.

Die Erfahrung durch individuelle Rückmeldungen von Ärzten zeigt, dass der rechtliche Aspekt von Beratung und Aufklärung erkrankter Kraftfahrer bisher in Klinik- und Praxisalltag nicht immer hinreichend umgesetzt wird. Dieses Defizit ist begründet durch immer knapper werdende zeitliche, personelle und damit auch wirtschaftliche Ressourcen. Damit kann auch das zugleich bestehende Defizit bei der verkehrs- medizinischen Fortbildung erklärt werden. Hinnehmbar ist es mit Blick auf die in diesem Buch dargestellten hohen Haftungsrisiken auf Behandler- und Patientenseite nicht.

Dieses Buch soll dem Behandelnden Problembewusstsein vermitteln und ihm hierfür erste rechtliche und verkehrsmedizinische Anknüp- fungspunkte liefern. Es soll ihn im eigenen und im Patienteninteresse zugleich ermutigen, z. B. die konsiliardiagnostische Untersuchung (KONDIAG) beim TÜV Hessen/der TÜV SÜD Gruppe in Anspruch zu nehmen, die im Anhang zu diesem Buch näher erläutert ist. Nur so wird er seiner besonderen Verantwortung für seine Patienten mit fahreig- nungsrelevanten Erkrankungen oder altersbedingten Indispositionen gerecht und vermeidet Haftungsfallen.

Auf eine besondere Darstellung der Begutachtungs-Leitlinien zur Kraft- fahrereignung* wird verzichtet – deren Kenntnis ist jedoch für die sach- gerechte Beratung erkrankter Kraftfahrer unverzichtbare Vorausset- zung, weil in ihnen die für die Fahreignung relevanten medizinischen und psychologischen Zusammenhänge eingehend dargestellt sind.

Die Autoren sind in unterschiedlicher Weise unmittelbar mit der Thematik dieses Buches befasst. Rechtsanwalt Jürgen Peitz, Partner der Kanzlei Dr. Behrens, Daalmann, Wolff, Peitz, Kapitány & Mauntel in Bielefeld, berät Ärzte und Patienten in versicherungs- und verkehrs- rechtlichen Angelegenheiten. Dr. Hannelore Hoffmann-Born ist als Leitende Ärztin und stellvertretende Leiterin der Medizinisch-Psycholo- gischen Institute des TÜV Hessen in Frankfurt am Main tätig.

Bielefeld und Frankfurt am Main,                          Jürgen Peitz
im Juni 2005                              Hannelore Hoffmann-Born

* Ebenfalls erschienen im Kirschbaum Verlag Bonn, als Textausgabe mit Kommentar

# Inhaltsverzeichnis

## Kapitel 4
## Arzthaftung und Fahreignung

## Kapitel 5
## Fahreignung im Praxis- und Klinikalltag

## Kapitel 6
## Eine Auswahl typischer Krankheitsbilder im Spiegel der Rechtsprechung

## Kapitel 7
## Anhang

# Kapitel 1
# Einführung

## A Ausgangssituation

Das Auto gilt als Garant der individuellen Mobilität, ist Status- und Identifikationsobjekt und steht für Unabhängigkeit, Selbstständigkeit und Freiheit. Der *Patient,* der mit einem Kraftfahrzeug am Straßenverkehr teilnimmt, begreift seine Mobilität heute als Grundrecht. Dies ist verständlich. Denn das Kraftfahrzeug ist heute mehr denn je notwendig für die Teilnahme am beruflichen und gesellschaftlichen Leben.

Viele – nicht nur chronische – Erkrankungen und Verletzungen, die die Fahreignung teilweise oder ganz aufheben, gehen deshalb mit dem Verlust der Unabhängigkeit oder Selbstständigkeit einher (man denke nur an Schlaganfallpatienten). Von daher leiden solche Erkrankte doppelt, nämlich einerseits an der Erkrankung selbst und andererseits an den Einschränkungen der Mobilität durch einen zeitweiligen oder gänzlichen Verlust der Fahrerlaubnis, bedingt durch die Erkrankung.

*Doppeltes Leiden*

Vor diesem Hintergrund werden Erkrankungen und Verletzungen, die die Verkehrssicherheit beeinträchtigen, gern geleugnet. Folgerichtig werden sie auch als gefahrenträchtige Ursache für Verkehrsunfälle verdrängt. Dabei wird das Thema Verkehrssicherheit ganz zu Unrecht allenfalls stiefmütterlich behandelt.

*Arzt-Patienten-* Der auf Mobilität angewiesene *Patient* spricht das
*Verhältnis* Thema aus nahe liegendem Grund nicht aktiv an; er
will vermeiden, dass ihm die Fahrerlaubnis entzogen wird. *Der behandelnde Arzt* wird die Relevanz
der Erkrankung für die Verkehrssicherheit mindestens als Grundproblem erkennen, möchte aber von
sich aus das Verhältnis zum Patienten nicht durch
diese Diskussion belasten.

Trotz der für beide Seiten erkannten bzw. erkennbaren Problematik wird das Interesse des Patienten
an der Aufrechterhaltung seiner Mobilität häufig
dazu führen, dass das Thema von keiner Seite aktiv
angegangen wird.

## B Problemstellung

Die unter A beschriebene Situation kann sowohl
für den *Patienten* als auch für den *behandelnden
Arzt* haftungsrechtlich fatale Auswirkungen haben
*(siehe Schaubild Regressrisiko auf Seite 20)*.

Der *Patient* riskiert nicht nur den Verlust seines Führerscheins, sondern auch den vollständigen oder
teilweisen Verlust des Versicherungsschutzes aus
Kraftfahrzeughaftpflicht- und Kaskoversicherung.
Er ist im Schadensfall dem Regressanspruch des Ver-
sicherers ausgesetzt.

Der *Arzt*, der zur ausführlichen Aufklärung der Auswirkungen der Erkrankung auf die Fahreignung
verpflichtet ist, haftet seinerseits wiederum dem
Patienten auf Schadensersatz und Schmerzensgeld,
falls er ihn nicht über die verkehrsmedizinische
Relevanz der Erkrankung aufklärt.

Mit dieser heute nach wie vor höchst aktuellen Problematik hat sich auch der *Verkehrsgerichtstag in Goslar* am 26.1.2005 befasst und durch den Arbeitskreis V nachstehende Empfehlungen ausgesprochen:

1 Der Arzt hat aus dem Behandlungsvertrag die Pflicht, seine Patienten über mögliche Fahreignungsmängel aufzuklären und nachdrücklich auf daraus resultierende Gefahren für ihn selbst und für andere hinzuweisen. Dies hat er angemessen zu dokumentieren.

2 Dafür sind verbesserte verkehrsmedizinische Kenntnisse nicht nur wünschenswert sondern unerlässlich.

3 Im Unterschied zu einigen anderen europäischen Ländern ist der Arzt in Deutschland *nicht* verpflichtet, Fahreignungsmängel seines Patienten der zuständigen Behörde zu melden. Um das besondere Vertrauensverhältnis zwischen Arzt und Patient nicht zu belasten, soll dieser Rechtszustand nach überwiegender Ansicht des Arbeitskreises nicht geändert werden.

4 Wegen dieses Vertrauensverhältnisses hat der Arbeitskreis mit großer Mehrheit auch die Einführung eines spezialgesetzlich geregelten Melderechts abgelehnt. Vielmehr sollte der Arzt nach Maßgabe des rechtfertigenden Notstands (§ 34 StGB) abwägen und entscheiden können, ob die zu befürchtende Gefährdung der allgemeinen Verkehrssicherheit im Ausnahmefall die Durchbrechung der ärztlichen Schweigepflicht erlaubt. Auch in diesem Fall besteht keine Meldepflicht.

5 Nach Auffassung des Arbeitskreises besteht im Übrigen ein erhebliches Defizit an fundierten empirischen Erkenntnissen über die Unfallursächlichkeit von körperlich-geistigen Fahreignungsmängeln. Dies betrifft beispielhaft psychiatrische, neurologische und geriatrische Erkrankungen, sowie den Konsum von berauschenden Mitteln und die Einnahme von Medikamenten.

## C Rechtsprechung des Bundesgerichtshofs

Diese umfangreiche *Haftung* des *Arztes* ist durch eine grundsätzliche Entscheidung des *Bundesgerichtshofs* bestätigt worden, die weit reichende Konsequenzen auf das Behandlungsverhältnis hat.

### ■ Sachverhalt

*Ausreichende Aufklärung*

*Ein Patient hatte sich zu einer routinemäßig ambulant durchzuführenden Magenspiegelung im Krankenhaus vorgestellt. Bereits durch seinen Hausarzt und auch danach durch den behandelnden Krankenhausarzt war er darüber aufgeklärt worden, dass er nach der Magenspiegelung nicht mit dem Kraftfahrzeug fahren dürfe. Dies bestätigte der Patient indem er angab, sich ein Taxi zu bestellen und sein Kfz, mit dem er angereist war, stehen zu lassen.*

*Zur Sedierung wurde dem Patienten neben weiteren Präparaten sodann auch 30 mg Midazolam verabreicht. Nach der Magenspiegelung erhielt er 0,5 mg Flumazenil und zwar intravenös als Antidot.*

*Defizit bei Überwachung und Sicherung*

*Sodann wurde der Patient auf den Flur vor den Behandlungsräumen gebracht. Dort verließ er die Klinik unbemerkt und ohne entlassen worden zu sein, setzte sich an das Steuer seines Kfz und verunglückte sodann tödlich. Er war auf die Gegenfahrbahn geraten und dort mit einem anderen Kfz kollidiert.*

Der *Bundesgerichtshof* hat den Arzt – anders als die die Klage abweisenden Vorinstanzen – zum Schadensersatz an die Erben verurteilt.

### ■ Begründung

*„(…) Dem Arzt war bekannt, dass der später verunfallte und zu Schaden gekommene Patient ohne*

*Begleitperson mit dem eigenen Kfz zu ihm gekommen war und er auf Grund der Verabreichung des Wirkstoffs M. noch lange Zeit nach dem Eingriff nicht in der Lage war, selbst ein Kraftfahrzeug zu führen.*

*Eingeschränkte Fahrtauglichkeit*

*Der Arzt wusste also, dass der Patient nur „home ready", nicht aber „street ready" war."*

Daraus folgert der *Bundesgerichtshof* weiter:

*„Der beklagte Arzt hätte sicherstellen müssen, dass sein Patient die Behandlungsräume nicht unbemerkt verlassen konnte und sich dadurch der Gefahr einer Selbstschädigung aussetzte.*

*Hätte der Arzt seine Pflicht zur Überwachung erfüllt, wäre es nicht zu dem eigenmächtigen Entfernen und dem nachfolgenden Unfall gekommen. Denn es bestand u.a. die Gefahr einer Gedächtnisstörung mit der Folge, dass sich der Patient an das Fahrverbot nicht erinnert.*

*Der eingetretene Schaden ist daher ausschließlich auf die Pflichtverletzung des Arztes zurückzuführen, so dass der Arzt in vollem Umfang ohne ein Mitverschulden des Patienten haftet."*

*(BGH, Urteil vom 8.4.2003, Az.: VI ZR 265/02, NJW 2003, 2309; Dt. Ärzteblatt 2004, 598)*

## D Konsequenzen

Der behandelnde Arzt haftet in der Konsequenz dieser höchstrichterlichen Rechtsprechung also immer dann, wenn

– verkehrsmedizinisch relevante Erkrankungen oder Verletzungen und/oder die medikamentöse Behandlung die Fahreignung des Patienten tangieren,

*Pflichten*     – der Arzt entgegen der durch den Behandlungs-
*des Arztes*      vertrag begründeten Aufklärungs- und Obhuts-
                 pflicht nicht sicherstellt, dass der Patient im Hin-
                 blick auf die möglicherweise eingeschränkte
                 Fahreignung nicht oder nicht ausreichend infor-
                 miert ist,

                – der Arzt bei Gefahr der Selbstschädigung des
                 Patienten nicht ausreichend überwacht und
                 sicherstellt, dass der Patient die ärztlichen
                 Behandlungsräume nicht in diesem Zustand ver-
                 lässt und am Straßenverkehr teilnimmt,

                – und es dann zu einem Unfall mit Sach- oder
                 Körperschäden für den Patienten und/oder
                 Dritte kommt.

Der Arzt haftet in erheblichem Umfang:

■ **Zivilrechtlich**

*Haftung*       – Verpflichtung zum Schadensersatz und zur
                 Zahlung von Schmerzensgeld gegenüber dem
                 Patienten aus Anlass der Pflichtverletzung des
                 Behandlungsvertrags und aus so genannter
                 unerlaubter Handlung, §§ 823 Abs. 1 und Abs. 2,
                 253 BGB,

                – Regressverpflichtung gegenüber beteiligten Ver-
                 sicherungen, § 67 VVG

Diese Haftungsrisiken lassen sich durch die Nutzung der konsiliar-
ärztlichen Diagnostik KONDIAG (siehe Anhang) minimieren;
gleichzeitig wird dem Patienten verantwortungsvoll ein hohes
Maß an persönlicher Sicherheit verschafft.

Der behandelnde Arzt kann durch die Nutzung der konsiliarärzt-
lichen Diagnostik KONDIAG im Konfliktfall (Haftungsfall) zugleich
nachweisen, dass er die verkehrsmedizinischen Aspekte der
Erkrankung oder Verletzung erkannt und den Patienten aufgeklärt hat.

– Schadensersatz- und Schmerzensgeldverpflich-
tung gegenüber den an einem Unfall beteiligten
Dritten aus unerlaubter Handlung, §§ 823 Abs. 1
und Abs. 2, 253 BGB

■ **Strafrechtlich**

– Strafbarkeit wegen fahrlässiger Körperverletzung, § 229 StGB, oder fahrlässiger Tötung,
§ 222 StGB, sowie

*Strafbarkeit*

– Strafbarkeit wegen Beihilfe zur Straßenverkehrs-
gefährdung durch Unterlassen, §§ 315 c Abs. 1,
13 StGB.

# Kapitel 2
# Versicherungsrecht

## A Folgen für Arzt und Patient nach einem Unfall

Das Schaubild auf Seite 20 zeigt die rechtlichen Rahmenbedingungen nach einem Verkehrsunfall, der von dem im Mittelpunkt der Betrachtung stehenden Patienten ganz oder teilweise schuldhaft verursacht worden ist.

*Regressrisiko*

Der Unfall wurde verursacht im nachgewiesenen Zustand mindestens eingeschränkter Fahreignung, die auch für den Schaden ursächlich war.

Der Patient hat einerseits Sachschaden an fremdem Eigentum (z. B. Kraftfahrzeug) und andererseits eine Körperverletzung mit mindestens zeitweiliger Arbeitsunfähigkeit des Dritten verursacht. Der Patient selbst hat Sach- und Körperschäden mit Arbeitsunfähigkeit erlitten.

Auf die eingeschränkte Fahreignung hatte der den Patienten zuvor behandelnde Arzt weder bei Abschluss des *Behandlungsvertrags* noch aus Anlass der Behandlung ausreichend hingewiesen.

Das Schaubild zeigt die einzelnen Ebenen der *Schadensersatzleistungen* durch die beteiligten Versicherungen sowie die Ebene der Leistungen so genannter Drittleistungsträger.

Soweit der Patient auf Schadensersatz des Geschädigten in Anspruch genommen wird oder selbst

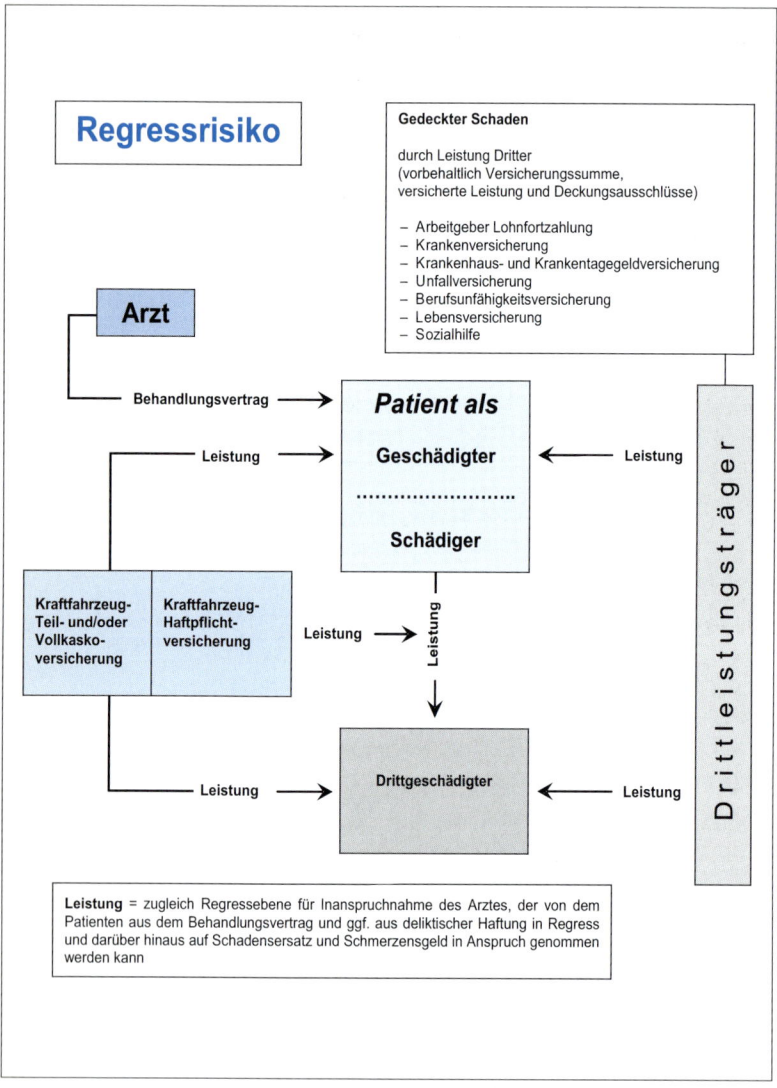

**Konsequenzen für Patient und Arzt nach einem Verkehrsunfall bei fehlender oder einge-schränkter Fahreignung**

einen Schaden erleidet, kann er auf Grund der Pflichtverletzung des Behandlungsvertrags durch seinen Arzt diesen grundsätzlich in Regress neh- *Regress* men. Sofern eine Versicherung des Patienten Ansprüche Dritter gegen den Patienten deckt und befriedigt, wird diese den Arzt in Regress nehmen. Sofern nämlich die Schadensersatzleistungen durch Versicherungen übernommen werden, ist der Regressanspruch insoweit keinesfalls untergegangen; vielmehr ist der Anspruch dann nach § 67 VVG auf die Versicherung übergegangen und kann ebenfalls gegen den Arzt geltend gemacht werden.

Der Arzt wiederum wird nur für den Fall einer ausreichenden eigenen Haftpflichtversicherung vor persönlichen wirtschaftlichen Nachteilen geschützt. Zwar ist in der Haftpflichtversicherung in der Regel auch grob fahrlässiges Verhalten gedeckt. Zur Vermeidung von Deckungslücken ist jedoch immer zu beachten, ob der Versicherungsschutz zeitlich und inhaltlich mit der konkreten individuellen Tätigkeit übereinstimmt. Versicherungsschutz auch für Strafverfahren ist ratsam.

## B  Versicherungsschutz

### I  Grundsätzliches

1. *Versicherungsschutz* wird dem Patienten als Versicherungsnehmer nach einem Unfall grundsätzlich – wie in jeder Versicherungssparte – nur gewährt, sofern ihm keine Verletzung von Obliegenheiten anzulasten ist. Zu beachten sind vertragliche und gesetzliche Obliegenheiten.

Zu den *gesetzlichen Obliegenheiten* gehört, dass der Versicherungsnehmer keine Erhöhung der versicherten Gefahr vornehmen darf, § 23 VVG.

*Pflichten des* Für *vertragliche Obliegenheiten* gilt § 6 VVG.
*Versicherungs-* Nahezu selbstverständlich ist es, dass der Versiche-
*nehmers* rungsnehmer den Schaden nicht grob fahrlässig
oder gar vorsätzlich verursacht hat. Er muss zudem
Gefahren verhüten. In der Kraftfahrzeughaft-
pflichtversicherung obliegt dem Versicherungsnehmer deshalb, das Fahrzeug z. B. nicht im Zustand
der alkoholbedingten Fahruntauglichkeit zu führen, § 2 b Abs. 1 a bis e, Abs. 2 AKB.

2. Da jeder Verkehrsteilnehmer dazu verpflichtet
ist, seine Leistungsfähigkeit ständig selbst zu beobachten und zu prüfen (§ 2 Abs. 1 FeV), haftet der in
seiner Fahreignung eingeschränkte Patient bei
Kenntnis dieser Einschränkung und trotzdem
erfolgter Verletzung seiner Überprüfungspflicht
seinem Unfallgegner ohne weiteres für den diesem
dadurch zugefügten Schaden.

Denn es liegt sowohl eine Gefahrerhöhung als auch
– durch die bewusste Handlung – eine schuldhafte
Herbeiführung des Versicherungsfalles vor.

Auf fehlendes Verschulden kann sich der Patient
nicht berufen, denn er haftet auf Grund mangelnder
Selbstüberprüfung. Das Schaubild auf Seite 20 zeigt,
dass auf jeder der ersichtlichen Leistungsebenen (Ge-
schädigter, Versicherer und „Drittleistungsträger")
ein Rückgriff gegen den Patienten erfolgen kann.

Dieser wiederum kann sich in Höhe seiner Inanspruchnahme bei seinem behandelnden Arzt schadlos halten.
Rechtsgrundlage ist insoweit der Behandlungsvertrag, den der Arzt bei Nichtaufklärung verletzt hat.

Die Regressrisiken für den Patienten und den Arzt
sind daher dem Grunde und der Höhe nach außer-
ordentlich groß (zur Haftung des Arztes im Rahmen
des Behandlungsvertrags siehe Kapitel 4).

## II Leistungsfreiheit

### 1 Versicherungsnehmer

Ein Verstoß gegen die Pflicht zur Selbstüberprüfung hat weitere erhebliche versicherungsrechtliche Konsequenzen, da der Kraftfahrer, der trotz für ihn erkennbarer Beeinträchtigung fährt, in der Regel eine vor Eintritt des Versicherungsfalles zu wahrende Obliegenheit verletzt und deshalb zumindest fahrlässig handelt (siehe Schaubild *Regressrisiko* auf Seite 20).

a) Für die *Kaskoversicherung* bedeutet das die Leistungsfreiheit der Versicherung gemäß §§ 25, 61 VVG.

b) Der *Haftpflichtversicherer* des schädigenden Patienten, der grundsätzlich zunächst den Schaden des an dem Unfall beteiligten Dritten ausgleichen muss, kann den Patienten = Versicherungsnehmer in Regress nehmen und sich von ihm zumindest einen Teil (bis 5 000 €) der erbrachten Ersatzleistung zurückholen (§ 2 b Abs. 1 a bis e, Abs. 2 AKB, §§ 5 Abs. 3, 6 KfZPflVVG).

*Verlust des Versicherungs-schutzes*

Allerdings ist der Versicherer bei vorsätzlicher Herbeiführung des Versicherungsfalles sogar gänzlich von der Verpflichtung zur Erbringung von Leistungen aus dem Versicherungsvertrag frei (§ 152 VVG).

Der geschädigte Dritte hat dann keinen Direktanspruch gegen die Versicherung und wird sich unmittelbar an den schädigenden Versicherungsnehmer halten.

c) Die *Insassenunfallversicherung* haftet bedingungsgemäß nicht für Unfälle, die durch Geistesstörungen oder schwere Nervenleiden, Schlagan-

fälle, epileptische Anfälle oder andere Krampf-
anfälle, die den ganzen Körper des versicherten
Fahrers ergreifen und auch nicht für Bewusstseinsstörungen, § 19 AKB.

d) Die *Unfallversicherung* kann den Anspruch auf
Zahlung von Unfallrente zurückweisen, ebenso
Hinterbliebenenrente (BSGE 59, 193). Der Leistungsausschluss in den Allgemeinen Unfallver-
sicherungs-Bedingungen (AUB) für krankhafte
Störungen infolge psychischer Reaktion ist auch
wirksam (BGH NJW 2004, 2589).

Allerdings kann sich die Versicherung nicht auf
einen Leistungsausschluss aus dem Gesichtspunkt der fahrlässigen Herbeiführung des Versicherungsfalls berufen. § 61 VVG (Leistungsfreiheit wegen grob fahrlässiger Herbeiführung des
Versicherungsfalls) ist nicht anwendbar, da es sich
nicht um eine Schadensversicherung handelt.

Zudem wird die Unfreiwilligkeit eines Unfalls
nach § 180 a VVG vermutet.

Kennt aber der Versicherungsnehmer seine Fahruntüchtigkeit und nimmt er gleichwohl am Straßenverkehr teil, so gilt Folgendes: der Versicherungsnehmer nimmt dann mit „bedingtem
Vorsatz" die Schädigung der eigenen Gesundheit in Kauf. Auch die Unfallversicherung ist in
dieser Folge leistungsfrei.

### 2 Mitversicherte Insassen

*Versicherungs-*
*schutz der*
*Insassen*
*gefährdet*

Leistungsfreiheit besteht auch in Bezug auf die
Insassen, soweit diese Kenntnis von der Einschränkung der Fahreignung haben oder sich grob fahrlässig dieser Kenntnis verschlossen haben.

Der Beifahrer kann sogar für den ihm zugefügten Schaden mithaften, soweit ihm klar war oder es ihm bei genügender Überlegung hätte klar sein müssen, dass eine Beeinträchtigung der Fahreignung des Fahrers vorliegt (BGH NJW 1960, 1197).

Erkennt der Beifahrer aus Anlass der Fahrt die eingeschränkte Fahreignung des Fahrers und setzt er gleichwohl die Fahrt fort, so kann er den Fahrer unter Umständen nicht für die bei ihm entstandenen Verletzungen haftbar machen.

Denn dadurch hat er zu erkennen gegeben, dass er das sich aus der eingeschränkten Fahreignung ergebende Risiko auch für Eigenschäden in Kauf nimmt.

Er willigt damit in die Zufügung jedenfalls geringfügiger Verletzungen ein und kann daraus später keine Ansprüche gegen den Fahrer herleiten (OLG Frankfurt DAR 1965, 217 und BGHSt. 40, 341).

## 3 Sonderfragen

Bei plötzlich und unvorhersehbar eintretender Fahruntauglichkeit – etwa durch Bewusstseinsverlust – kann die Haftung indes zu verneinen sein. Allerdings gilt dies nicht ohne Einschränkung.

*Beweislast bei Ausnahmetatbeständen*

Wird z. B. eine vor dem Unfall noch unerkannte Schlafapnoe behauptet, in deren Folge der Kraftfahrer bei der Unfallfahrt kurzzeitig das Bewusstsein verloren habe, so trägt der Kraftfahrer im Prozess die volle Beweislast für eine behauptete Unzurechnungsfähigkeit (§ 827 BGB).

Diese Beweislastregel gilt auch im Versicherungsrecht zu Lasten des Versicherungsnehmers (BGH MDR 2004, 328; MDR 1988, 297; MDR 1991, 134; MDR 1985, 557; MDR 1989, 618).

Gelingt dem Versicherungsnehmer dieser Beweis nicht, so kann das Gericht aus dem Grad der objektiven Pflichtverletzung nach den Gesamtumständen Rückschlüsse auf das Vorliegen grober Fahrlässigkeit ziehen (BGH MDR 2004, 328; MDR 1992, 945; MDR 1989, 618).

Liegen nicht einmal objektive Anhaltspunkte für eine erhebliche Beeinträchtigung des Bewusstseins (unterhalb der Schwelle völliger Unzurechnungsfähigkeit) vor, wird es bei dem Vorwurf der groben Fahrlässigkeit – und damit bei der Haftung – bleiben.

Die Folge ist der Verlust des Versicherungsschutzes sowie die Haftung für Schäden Dritter auch in diesen Fällen (so im Fall Schlafapnoe BGH MDR 2004, 328).

## C Weitere Konsequenzen

*Strafrechtliche und zivilrechtliche Folgen*

Der Patient ist zudem weiteren Ansprüchen und ggf. auch einer Ahndung der Strafverfolgungs- oder Bußgeldbehörde ausgesetzt:

- Haftung gegenüber dem geschädigten Unfallgegner auf *Schadensersatz*, § 823 Abs. 1 und Abs. 2 BGB, §§ 7, 17 StVG und auf *Schmerzensgeld*, § 847 BGB,

- *Ohne* konkrete *Gefährdung* anderer Verkehrsteilnehmer kommt wegen einer Ordnungswidrigkeit die Festsetzung eines Bußgeldes in Betracht, §§ 75 Nr. 1, 2 FeV, 24 StVG. Ferner werden im Verkehrszentralregister Punkte eingetragen nach der BKatV,

- *Mit* konkreter *Gefährdung* anderer Verkehrsteilnehmer (etwa nach einem Unfall) kommt die Verurteilung zu einer Geld- oder Freiheitsstrafe in Betracht, § 315 c StGB,

- Bei Trunkenheit im Verkehr ist die Tat als Straftat zu verfolgen (auch ohne konkrete Gefährdung), geahndet mit Geld- oder Freiheitsstrafe, § 316 StGB,

- Entziehung der *Fahrerlaubnis* oder *Fahrverbot*, § 69 StPO, § 44 StGB.

# D Pflicht zur Überprüfung der Fahreignung zur Erhaltung des Versicherungsschutzes

Die Selbstüberprüfung durch den Fahrer im Hinblick auf seine körperliche, geistige und psychische Leistungsfähigkeit zum Führen eines Kraftfahrzeugs hat *zu jedem Zeitpunkt* zu erfolgen. Die Rechtsprechung hatte insbesondere Anlass, sich mit folgender Kasuistik auseinanderzusetzen und verlangt nachdrücklich die Überprüfung:

- vor Fahrtantritt und ggf. unter Befragung eines Arztes (BGH NJW 1988, 909); dessen Weisungen hat der Fahrer Folge zu leisten (LG Heilbronn VRS 52, 188),

*Selbstüberprüfung jederzeit erforderlich*

- auch und gerade bei Schwankungen der Leistungsfähigkeit; unterlässt der Fahrer die Prüfung, handelt er fahrlässig (BGH NJW 1974, 948),

- auch bei Einnahme bestimmter Medikamente, da Einschränkungen der Fahrtauglichkeit voraussehbar sind (Beipackzettel) (OLG Hamm VRS 52, 194),

- auch bei vegetativer Labilität, da auch vorherige Bewusstseinstrübungen einschätzbar sind (OLG Hamm VRS 51, 351),

- bei aufkommender Müdigkeit (LG München NZV 1997, 523; OLG Hamm NZV 1998, 210),

- selbst bei Wetterfühligkeit, Nachtblindheit, allgemeinen Sehbehinderungen, die jeder kennen und anhand eigener Erfahrung prüfen muss (BGH JZ 1968, 103),

- auch bei Schwächezuständen durch akute, vorübergehende, sehr selten vorkommende oder nur kurzzeitig anhaltende Erkrankungen (Migräne, Heuschnupfen, Allergien, grippale Infekte, akute Magen-Darm-Störungen, Übelkeiten sonstiger Art.

Bei jedweden Einschränkungen der Mobilität, die Auswirkungen auf die Fahreignung haben, ist im Einzelfall auch besonders an einen Fahrzeugumbau und an eine individuelle Umrüsttechnik zu denken (bei der Fahrausbildung muss auch der Fahrlehrer über ein Basiswissen im rechtlichen, medizinischen, psychologischen und technischen Bereich verfügen; vgl. dazu Fahrausbildung für Behinderte, Schriftenreihe der BASt, Heft M 167 Mensch und Sicherheit, 2005).

# Kapitel 3
# Rechtliche Grundlagen
# der Fahreignung

## A Die Eignung

Es gehört zu den eher banalen Erkenntnissen, dass der Mensch mit seinen Sinnesorganen primär auf eine Fortbewegung „zu Fuß und nach vorn" ausgerichtet ist.

Die psychischen und physischen Anlagen des Menschen sind deshalb mit der Inanspruchnahme hoch technisierter Fortbewegungsmittel und zunehmender Fortbewegungsgeschwindigkeit in höchstem Maße gefordert.

In dem komplexen System „Mensch – Fahrzeug – Umwelt" muss der Kraftfahrer sein Fahrzeug nicht nur motorisch zu jeder Zeit beherrschen.

Der Kraftfahrer muss insbesondere auch kommunizieren, vorausschauend planen, d. h. beobachten und reagieren, er muss sich anpassen und er muss abwägen. Dazu bedarf es auch Gelassenheit im Sinne einer hohen Frustrationstoleranz.

Es ist ferner selbstverständlich Voraussetzung, dass er das durch Gesetze und Verordnungen vorgegebene Regelwerk erkennen, verstehen und umsetzen muss.

Der Kraftfahrer muss zur Bewältigung dieser komplexen Anforderungen daher umfassend *geeignet* sein.

Der Gesetzgeber hat in den relevanten Vorschriften den unbestimmten Rechtsbegriff der „Eignung" abstrakt definiert:

## I Eignung nach dem Straßenverkehrsgesetz

*Umfassende Eignung*

Nach Maßgabe des *Straßenverkehrsgesetzes (StVG)* ist derjenige geeignet zum Führen von Kraftfahrzeugen, der die *notwendigen körperlichen und geistigen Anforderungen* erfüllt und nicht erheblich oder nicht wiederholt gegen verkehrsrechtliche Vorschriften oder gegen Strafgesetze verstoßen hat (§ 2 Abs. 4 Satz 1 StVG).

## II Eignung nach der Fahrerlaubnis-Verordnung

Die *Fahrerlaubnis-Verordnung (FeV)* regelt nähere Einzelheiten zur Konkretisierung des Begriffs der *Fahreignung*.

Erkrankungen und Mängel, durch die die Eignung oder die bedingte Eignung zum Führen von Kraftfahrzeugen ausgeschlossen sein kann, sind in Anlage 4 zur FeV beispielhaft aber keineswegs abschließend aufgeführt.

Die Anlage 4 zur FeV bildet dabei die maßgeblichen *Begutachtungs-Leitlinien zur Kraftfahrereignung* ab.

Anlage 4 zur FeV kann und soll aber eine eingehende Untersuchung des Patienten unter Einbeziehung der gesamten Umstände nicht ersetzen.

Die in Anlage 4 zur FeV genannten Merkmale können zudem kompensiert werden, was wiederum nur durch eine genaue Untersuchung des Patienten feststellbar ist.

Negativ formuliert bedeutet *Fahreignung*, dass keine solchen *körperlichen Mängel* vorliegen dürfen, die weder technisch noch medikamentös oder psychologisch zu *kompensieren* sind.

*Körperliche und geistige Mängel*

Es dürfen auch keine *geistigen Mängel* vorlegen, die sich bei Herabsetzung der intellektuellen, psycho-funktionalen und/oder psychophysischen Leistungsfähigkeit auf die Verkehrsteilnahme unmittelbar auswirken oder bei der negative Auswirkungen nahe liegend sind.

Bei Bewerbern um eine Fahrerlaubnis für Omnibusse sowie zur Fahrgastbeförderung muss zudem eine *persönliche Zuverlässigkeit* angenommen werden können.

Verlangt wird die Gewähr, dass der Bewerber der *besonderen Verantwortung* bei der Beförderung von Fahrgästen gerecht wird. Die Einholung eines Führungszeugnisses soll diese Voraussetzung absichern.

Konsequent ist, dass auch die *charakterliche Eignung* in Form von Persönlichkeitsmerkmalen, namentlich Aggressivität, emotionale Labilität und Defizite in der Selbstbeobachtung, Selbstkontrolle und Verhaltensplanung relevant sind. Auch solche Eigenschaften können die Fahreignung beeinträchtigen oder gar ausschließen.

Im Einzelfall ist *Anlass bezogen* dazu ein besonderes Gutachten einzuholen.

## III Eignung nach dem Strafgesetzbuch

Im *Strafgesetzbuch (StGB)* sind die Voraussetzungen geregelt, unter denen die Fahrerlaubnis zu entziehen ist, sofern eine rechtswidrige Straftat bei oder im Zusammenhang mit dem Führen eines Kraftfahrzeuges oder eine solche Straftat unter Verletzung der Pflichten eines Kraftfahrzeugführers

*Auffälligkeit im Straßenverkehr*

begangen wird, und sich aus der Tat ergibt, dass der Kraftfahrer zum Führen von Kraftfahrzeugen ungeeignet ist, § 69 Abs. 1 Satz 1 StGB (vgl. BGH Beschl. v. 27.4.2005, GSSt 2/04).

*Fragen der Entziehung der Fahrerlaubnis auf Grund strafrichterlicher Entscheidung stellen sich allerdings für den behandelnden Arzt in der Regel nicht. Der Arzt hat sich mit dem Thema Fahreignung lediglich auf der Basis der geistigen und körperlichen Befindlichkeit des Kraftfahrers zu widmen. Die weitaus überwiegenden Fälle des Strafgesetzbuches sind hiervon unberührt (z. B. der klassische Fall der Fahrerlaubnisentziehung auf Grund von Alkohol oder Drogen oder wegen unerlaubtem Entfernen vom Unfallort).*

## IV Individuelle und subjektive Einschätzung der Eignung

*Gefahr der Fehleinschätzung*

Der Kraftfahrer wird geneigt sein, mit Erteilung der Fahrerlaubnis auch für die Zukunft davon auszugehen, fortwährend geeignet zu sein. Diese Vermutung wird insbesondere vor dem Hintergrund bestärkt, dass bei den „Einstiegs-Fahrerlaubnisklassen" A und B keine Überprüfung der Eignung erfolgt – sieht man einmal von dem obligatorischen Sehtest ab.

Auch gibt es bislang in Deutschland keine Altersbegrenzung für diese Fahrerlaubnisklassen.

Mit dieser Annahme unterliegt der Kraftfahrer indes einem fatalen Irrtum. Dieser Irrtum ist zwar letztlich verständlich, zumal Erfahrung, Routine sowie Unfallfreiheit im Straßenverkehr als positives Kriterium für die Beurteilung der Fahreignung in den Vordergrund gestellt werden und subjektiv eine andere Beurteilung nicht ohne weiteres als nahe liegend erscheinen lassen.

Die Fahreignung ist jedoch ständigen Schwankungen unterworfen, bedingt durch pathologische, physiologische und psychologische Veränderungen. Diese Veränderungen können sich durchaus schleichend einstellen und manifestieren und sind dann häufig unbemerkt. Man kann in diesem Zusammenhang durchaus von „Betriebsblindheit" sprechen.

*Betriebsblindheit des Kraftfahrers*

Deshalb kann sich ein solcher Irrtum nach einem Unfall, soweit dieser auch auf einer eingeschränkten Fahrtauglichkeit beruht, haftungsrechtlich dramatisch auswirken.

Der Kraftfahrer muss daher immer und stets *selbst überprüfen*, ob er *aktuell* in der Lage ist, ein Kraftfahrzeug im Straßenverkehr sicher zu führen, ob er also geeignet ist.

*Selbstüberprüfung*

Denn wer sich infolge körperlicher oder geistiger Mängel nicht sicher im Straßenverkehr bewegen kann, darf am Straßenverkehr nicht teilnehmen, da er sonst sich und andere gefährdet.

Hat die Führerscheinstelle Anhaltspunkte dafür, dass die Fahreignung mindestens *beeinträchtigt* sein kann, muss der Kraftfahrer die Eignung im Verwaltungsverfahren *positiv nachzuweisen*; die Eignung wird keinesfalls zu Gunsten des Kraftfahrers vermutet. Zweifel gehen zu seinen Lasten.

*Eignung positiv nachweisen*

Überprüft wird im Rahmen eines dann regelmäßig vorzulegenden fachärztlichen und ggf. eines medizinisch-psychologischen *Gutachtens* der *Begutachtungsstelle für Fahreignung* die körperliche, geistige und charakterliche Eignung.

## V Überprüfung der Eignung bei Fahrerlaubnis-erteilung

Die Fahrerlaubnisbehörde führt bei den Bewerbern für die Klassen A und B keine Ermittlungen zur Überprüfung der Eignung durch, von dem obligatorischen Sehtest einmal abgesehen.

Eine Überprüfung der Eignung wird bei den Klassen A und B nur bei einem *konkreten Anlass* vorgenommen, nämlich bei bekannt werden von Tatsachen, die Zweifel an der Fahreignung begründen (§ 11 Abs. 2 FeV).

Ein *ausdrücklicher Eignungsnachweis* ist aber vorgesehen bei Bewerbern für die Klassen C, C1, CE, D, D1, DE oder D1E (§ 11 Abs. 9 i.V.m. Anl. 5 FeV).

Alle D-Klassen und die Fahrerlaubnis zur Fahrgastbeförderung (FzF) ab dem 60. Lebensjahr erfordern zusätzlich einen Eignungsnachweis in Bezug auf Belastbarkeit, Orientierungs-, Konzentrations- und Aufmerksamkeitsleistung sowie Reaktionsfähigkeit.

Die Klassen D und D1 verlangen die Gewähr der besonderen Verantwortung bei der Beförderung von Fahrgästen (§ 11 Abs. 1 Satz 4 FeV).

Dies vorausgeschickt, ist den nachfolgenden Schaubildern die Einteilung der einzelnen Fahrerlaubnisklassen zu entnehmen. Das deutsche Fahrerlaubnisrecht folgt nach Maßgabe der Europäischen Führerscheinrichtlinie den nachstehenden Fahrerlaubnisklassen.

## B  Fahrerlaubnisklassen

Das deutsche Fahrerlaubnisrecht nach Maßgabe der Fahrerlaubnis-Verordnung (FeV) und der Europäischen Führerscheinrichtlinie:

### I  Einteilung der Fahrerlaubnisklassen

| GRUPPE 1 | | | |
|---|---|---|---|
| **Klasse A**  | Leistungsbeschränkte Krafträder (auch mit Beiwagen) mit einem Hubraum von mehr als 50 cm³ oder einer bauartbedingten Höchstgeschwindigkeit (bbH) von mehr als 45 km/h. Das Fahren leistungsunbeschränkter Krafträder ist grundsätzlich erst nach mindestens 2 Jahren Fahrpraxis auf Krafträdern bis 25 kW Nennleistung und bis maximal 0,16 kW/kg Leermasse erlaubt; eine zusätzliche Prüfung ist nicht erforderlich (Ausnahme: Direkteinstieg ab dem 25. Lebensjahr möglich). | | |
| **Mindestalter** | **Einschluss von Klassen** | **Befristung** | **Vorbesitz einer Klasse erforderlich** |
| a) 25 Jahre direkt<br>b) sonst 18 Jahre mit Praxis von zwei Jahren | A1, M | unbefristet | – |

Grundsätzlich beschränkt ist die Klasse A auf mittelschwere Krafträder und zwar während der ersten zwei Jahre (siehe b)). Mit Ablauf der Zweijahresfrist fällt die Beschränkung ersatzlos weg. Ist der Bewerber um die Klasse A bereits 25 Jahre alt, kann er sich entweder auf die mittelschweren Krafträder beschränken oder direkt in die unbeschränkte Klasse A einsteigen; er hat also ein selbst verantwortetes Wahlrecht. Wählt der 25-Jährige zunächst die beschränkte Klasse A, so müsste er nach § 15 FeV dann eine erneute praktische Prüfung ablegen, falls er sich vor Ablauf der Zweijahresfrist umentscheiden und die unbeschränkte Klasse A erwerben möchte.

| GRUPPE 1 | | | |
|---|---|---|---|
| **Klasse A1**  | Leichtkrafträder bis 125 cm³ und bis 11 kW (für 16–17-Jährige beschränkt auf bbH von max. 80 km/h). Als solche gelten auch Krafträder mit einem Hubraum von nicht mehr als 50 cm³ und einer bbH von mehr als 40 km/h, wenn sie bis zum 31.12.1983 erstmalig in den Verkehr gekommen sind. | | |
| **Mindestalter** | **Einschluss von Klassen** | **Befristung** | **Vorbesitz einer Klasse erforderlich** |
| a) 16 Jahre beschränkt <br> b) 18 Jahre | M | unbefristet | a) direkt <br> b) ohne Tempolimit |

Bewerber der Klasse A1 im Alter von 16 bis unter 18 Jahren unterliegen den ersichtlichen bauartbedingten Beschränkung.

| GRUPPE 1 | | | |
|---|---|---|---|
| **Klasse B**  | Kraftwagen mit einer zulässigen Gesamtmasse (zGM) von nicht mehr als 3 500 kg und nicht mehr als 8 Sitzplätzen außer dem Fahrersitz (auch mit Anhänger mit einer zGM von nicht mehr als 750 kg oder mit einer zGM bis zur Höhe der Leermasse des Zugfahrzeugs, sofern die zGM der Kombination 3 500 kg nicht übersteigt). | | |
| **Mindestalter** | **Einschluss von Klassen** | **Befristung** | **Vorbesitz einer Klasse erforderlich** |
| 18 Jahre | L, M, S | unbefristet | direkt |

| GRUPPE 1 | |
|---|---|
| **Klasse BE**<br /> | Kombination aus einem Zugfahrzeug der Klasse B und einem Anhänger über 750 kg zGM. Bei Pkw darf die Anhängelast (Summe der Achslasten) die zGM des Zugfahrzeugs nicht überschreiten. Bei Lkw und Geländefahrzeugen mit durchgehender Bremse darf die Anhängelast das 1,5-fache der zGM des Zugfahrzeugs betragen. Bei Pkw und Geländefahrzeugen darf das tatsächliche Gesamtgewicht des Anhängers (Achslast zuzüglich Stützlast) 3 500 kg nicht übersteigen (§ 42 StVZO). |

| Mindestalter | Einschluss von Klassen | Befristung | Vorbesitz einer Klasse erforderlich |
|---|---|---|---|
| 18 Jahre | keine | unbefristet | B |

| GRUPPE 1 | |
|---|---|
| **Klasse M**<br /> | Zweirädrige Kleinkrafträder und Fahrräder mit Hilfsmotor bis 50 cm³ und einer bbH von nicht mehr als 45 km/h. Kfz, die zur Beförderung von Gütern geeignet und bestimmt sind, bis 50 cm³, einer bbH bis 45 km/h und Leermasse von nicht mehr als 150 kg. *Übergangsvorschrift:* Bis zum 31.12.2001 erstmals i. d. Verkehr gekommen: Krafträder mit einem Hubraum < 50 cm³ und einer bbH von mehr als 45 km/h und nicht mehr als 50 km/h, und dreirädrige einsitzige Kfz, die zur Beförderung von Gütern geeignet und bestimmt sind, mit einer bbH ≤ 45 km/h, einem Hubraum ≤ 50 cm³ und einer Leermasse von ≤ 150 kg (Lastendreirad) und die bis zum 28.2.1992 erstmals in den Verkehr gekommenen Kleinkrafträder und Fahrräder mit Hilfsmotor (FmH) im Sinne der Vorschriften der DDR. Weitere FmH siehe § 76 FeV. |

| Mindestalter | Einschluss von Klassen | Befristung | Vorbesitz einer Klasse erforderlich |
|---|---|---|---|
| 16 Jahre | keine | unbefristet | direkt |

| **GRUPPE 1** | |
|---|---|
| **Klasse T**  | Zugmaschinen mit einer durch die bbH von nicht mehr als 60 km/h (Stufenführerschein, 16–17-Jährige 40 km/h) und selbstfahrende Arbeitsmaschinen mit einer durch die bbH von nicht mehr als 40 km/h, die jeweils nach ihrer Bauart zur Verwendung für land- und forstwirtschaftliche Zwecke (§ 6 Abs. 5 FeV) bestimmt sind und für solche eingesetzt werden (jeweils auch mit Anhängern). |

| **Mindestalter** | **Einschluss von Klassen** | **Befristung** | **Vorbesitz einer Klasse erforderlich** |
|---|---|---|---|
| a) 16 Jahre Stufe<br>b) 18 Jahre | L, M | unbefristet | direkt |

| **GRUPPE 1** | |
|---|---|
| **Klasse L**  | Zugmaschinen, die nach ihrer Bauart zur Verwendung für land- und forstwirtschaftliche Zwecke bestimmt sind und für solche Zwecke eingesetzt werden, mit einer bbH von nicht mehr als 32 km/h und Kombinationen aus diesen Fahrzeugen mit einer Geschwindigkeit von nicht mehr als 25 km/h geführt werden und, sofern die durch die bbH des ziehenden Fahrzeuges mehr als 25 km/h beträgt, sie für eine Höchstgeschwindigkeit von nicht mehr als 25 km/h in der durch § 58 StVZO vorgeschriebenen Weise gekennzeichnet sind; selbstfahrende Arbeitsmaschinen, Stapler und andere Flurförderzeuge jeweils mit einer bbH von nicht mehr als 25 km/h und Kombinationen aus diesen Fahrzeugen und Anhängern. |

| **Mindestalter** | **Einschluss von Klassen** | **Befristung** | **Vorbesitz einer Klasse erforderlich** |
|---|---|---|---|
| 16 Jahre | keine | unbefristet | direkt |

| GRUPPE 2 | | | |
|---|---|---|---|
| **Klasse C**  | Kraftwagen über 3 500 kg zGM und nicht mehr als 8 Sitz-plätzen außer dem Fahrersitz (auch mit Anhänger mit einer zGM von nicht mehr als 750 kg); im gewerblichen Güterverkehr bei Personen unter 21 Jahren grundsätzlich auf 7 500 kg zGM (einschließlich Anhänger) beschränkt [VO (EWG) 3820/85, Art. 5]. | | |
| **Mindestalter** | **Einschluss von Klassen** | **Befristung** | **Vorbesitz einer Klasse erforderlich** |
| 18 Jahre | C1 | 5 Jahre | B |

| GRUPPE 2 | | | |
|---|---|---|---|
| **Klasse CE**  | Kombinationen aus einem Zugfahrzeug der Klasse C und einem Anhänger über 750 kg zGM. Die zGM des Zuges ist abhängig von Anzahl und Abstand der Achsen (§ 34 StVZO), unter Beachtung der zulässigen Anhängelast (Summe der Achslasten), § 42 StVZO. Die zGM ist im gewerblichen Güterverkehr bei Personen unter 21 Jahren grundsätz-lich auf 7 500 kg (einschließlich Anhänger) beschränkt [VO (EWG) 3820, Art. 5]. | | |
| **Mindestalter** | **Einschluss von Klassen** | **Befristung** | **Vorbesitz einer Klasse erforderlich** |
| 18 Jahre | BE, C1E, T; D1E bei Vor-besitz von D1 | 5 Jahre | C |

| GRUPPE 2 | | | |
|---|---|---|---|
| **Klasse C1**  | Kraftfahrzeuge mit einer zGM von mehr als 3 500 kg aber nicht mehr als 7 500 kg und mit nicht mehr als 8 Sitzplätzen außer dem Fahrersitz (auch mit Anhängern mit einer zGM von nicht mehr als 750 kg; im gewerblichen Güterverkehr bei Personen unter 21 Jahren grundsätzlich auf 7 500 kg zGM (einschl. Anhänger) beschränkt [(VO) EWG 3820, Art. 5]. | | |
| **Mindestalter** | **Einschluss von Klassen** | **Befristung** | **Vorbesitz einer Klasse erforderlich** |
| 18 Jahre | keine | bis zur Vollendung des 50. Lebensjahres, nach Vollendung des 45. Lebensjahres für 5 Jahre | B |

| GRUPPE 2 | | | |
|---|---|---|---|
| **Klasse C1E**  | Kombinationen aus einem Zugfahrzeug der Klasse C1 und einem Anhänger über 750 kg zGM. Die zGM des Anhängers darf die Leermasse des Zugfahrzeuges nicht überschreiten; die zGM des Zuges ist auf 12 000 kg beschränkt. Die zGM ist im gewerblichen Güterverkehr bei Personen unter 21 Jahren grundsätzlich auf 7 500 kg (einschl. Anhänger) beschränkt (VO (EWG) 3820, Art. 5) | | |
| **Mindestalter** | **Einschluss von Klassen** | **Befristung** | **Vorbesitz einer Klasse erforderlich** |
| 18 Jahre | BE, D1E bei Vorbesitz von D1 | bis zur Vollendung des 50. Lebensjahres, nach Vollendung des 50. Lebensjahres für 5 Jahre | C1 |

Die Klassen C, C1, CE oder C1E berechtigen im Inland auch zum Führen von Kraftomnibussen ggf. mit Anhänger mit einer entsprechenden zGM ohne Fahrgäste, wenn die Fahrten lediglich zur Überprüfung des technischen Zustandes dienen.

| GRUPPE 2 | | | |
|---|---|---|---|
| **Klasse D**  | Kraftfahrzeuge zur Personenbeförderung mit mehr als 8 Sitzplätzen außer dem Fahrersitz und Anhänger bis 750 kg zGM. **Anmerkung:** ohne Personenbeförderung siehe Anmerkung zu den Klassen C. | | |
| **Mindestalter** | **Einschluss von Klassen** | **Befristung** | **Vorbesitz einer Klasse erforderlich** |
| 21 Jahre | D1 | 5 Jahre | B |

| GRUPPE 2 | | | |
|---|---|---|---|
| **Klasse DE**  | Kraftfahrzeuge zur Personenbeförderung mit mehr als 8 Sitzplätzen und Anhänger über 750 kg. | | |
| **Mindestalter** | **Einschluss von Klassen** | **Befristung** | **Vorbesitz einer Klasse erforderlich** |
| 21 Jahre | BE, D1E und C1E, wenn C1 vorhanden | 5 Jahre | D |

| GRUPPE 2 | | | |
|---|---|---|---|
| **Klasse D1**  | Kraftfahrzeuge zur Personenbeförderung mit mehr als 8 Sitzplätzen außer dem Fahrersitz (auch mit Anhänger mit einer zGM von nicht mehr als 750 kg). | | |
| **Mindestalter** | **Einschluss von Klassen** | **Befristung** | **Vorbesitz einer Klasse erforderlich** |
| 21 Jahre | keine [x] | 5 Jahre | B |

[x] Eingeschlossen sind jedoch die Klassen L, M und auch Alt-Besitzstände.

| GRUPPE 2 | |
|---|---|
| **Klasse D1E**  | Kombination aus einem Zugfahrzeug der Klasse D1 und einem Anhänger über 750 kg. Die zGM des Anhängers darf die Leermasse des Zugfahrzeuges nicht übersteigen. Die zGM des Zuges ist auf < 12 t beschränkt. |

| Mindestalter | Einschluss von Klassen | Befristung | Vorbesitz einer Klasse erforderlich |
|---|---|---|---|
| 21 Jahre | BE, C1E, wenn C1 vorhanden | 5 Jahre | D1 |

Zum 1.2.2005 ist die neue Führerscheinklasse S eingeführt worden. Für den Erwerb ist ein Mindestalter von 16 Jahren erforderlich.

Erfasst sind dreirädrige Kleinkrafträder („Trikes") und vierrädrige Leichtkraftfahrzeuge („Quads") mit einer

– bauartbedingten Höchstgeschwindigkeit von max. 45 km/h

– Leermasse bei vierrädrigen Leichtkraftfahrzeugen von max. 350 kg
  (bei Elektrofahrzeugen ohne Masse der Batterie)

– Motoren-/Antriebsart
  – Fremdzündungsmotor (z. B. Benziner), max. 50 cm³ Hubraum
  – andere Verbrennungsmotoren (z. B. Diesel), max. 4 kW Nutzleistung
  – Elektromotor, max. 4 kW Nenndauerleistung.

Die Fahrzeuge sind zulassungsfrei, benötigen aber eine Betriebserlaubnis und müssen mit einem Versicherungskennzeichen gefahren werden.

## Anmerkungen zu den Fahrerlaubnisklassen

Grundsätzlich müssen Bewerber um eine Fahrerlaubnis die hierfür notwendigen körperlichen
und geistigen Anforderungen erfüllen.

*Keine Mängel*

Die Anforderungen sind insbesondere *nicht erfüllt*,
wenn eine Erkrankung oder ein Mangel nach
Anlage 4 bis 6 zur FeV vorliegt, wodurch die Eignung oder die bedingte Eignung ausgeschlossen
wird (§ 11 FeV).

*Außerdem dürfen die Bewerber – unabhängig von
der geistigen und körperlichen Eignung – nicht
erheblich oder wiederholt gegen verkehrsrechtliche
Vorschriften oder Strafgesetze verstoßen haben, so
dass dadurch die Eignung ausgeschlossen wird.*

*Insoweit hat der Verordnungsgeber mit Wirkung ab
dem 1.2.2005 eine Lücke geschlossen, so dass nun
auch auf Verstöße gegen verkehrsrechtliche Vorschriften, die keine Straftaten darstellen, aber
durch die dennoch Eignungszweifel bestehen, mit
der Anordnung einer medizinisch-psychologischen
Untersuchung reagiert werden kann. Denn gerade
bei Begehung einer Vielzahl von Ordnungswidrig-
keiten oder der Teilnahme an illegalen Straßen-
rennen muss unter Wahrung des Verhältnismäßig-
keitsgrundsatzes eine adäquate Reaktion durch
eine solche MPU möglich sein.*

*Die Gewähr der besonderen Verantwortung bei der
Beförderung von Fahrgästen gem. § 11 Abs. 1 FeV
muss in jenen speziellen Fahrerlaubnisklassen D und
D1 ebenfalls gegeben sein; eine Überprüfung dieser nicht gutachterlich zugänglichen Voraussetzung
nimmt die Fahrerlaubnisbehörde vor. Diese
„Gewähr" ist ein vom Charakter des Bewerbers
unabhängiges Merkmal eigener Art (OVG Münster*

*Besondere
Verantwortung*

*NZV 1999, 55) und nur schwer fassbar. Auf Grund ihrer Allgemeinheit und wohl nur als „Auffangtatbestand" neben dem Erfordernis der „charakterlichen Eignung" zu begreifen, bestehen hier Zweifel, ob diese Vorschrift auf einer ausreichenden Rechtsgrundlage (§ 2 Abs. 2 Satz 1 und 2 i.V.m. § 6 Abs. 1 Buchst. g StVG) beruht.*

Zum Führen von Kraftfahrzeugen sind die in der Anlage 6 FeV genannten Anforderungen an das Sehvermögen zu erfüllen (§ 12 Abs. 1 FeV).

*Anordnung bei Bedenken*

Werden Tatsachen bekannt, die *Bedenken* gegen die körperliche oder geistige *Eignung* des Bewerbers begründen (insbesondere bei Tatsachen, die auf eine Erkrankung oder einen Mangel nach Anlage 4 oder 5 FeV hindeuten), kann die Fahrerlaubnisbehörde zur Vorbereitung von Entscheidungen über die Erteilung oder Verlängerung der Fahrerlaubnis oder über die Anordnung von Beschränkungen oder Auflagen die Beibringung eines *ärztlichen Gutachtens* anordnen (§ 11 Abs. 2 FeV).

*Begutachtungsstellen für Fahreignung*

In Betracht kommen Gutachten

– eines für die Fragestellung zuständigen Facharztes mit verkehrsmedizinischer Qualifikation (§ 11 Abs. 2 Satz 3 Ziff. 1 FeV) – dies soll nicht der den Betroffenen behandelnde Arzt sein

– eines Arztes des Gesundheitsamtes oder eines anderen Arztes der öffentlichen Verwaltung

– eines Arztes mit der Gebietsbezeichnung „Arbeitsmedizin" oder der Zusatzbezeichnung „Betriebsmedizin" (§ 11 Abs. 2 Satz 3 Ziff. 2 FeV)

– eines Arztes mit der Gebietsbezeichnung „Facharzt für Rechtsmedizin" (§ 11 Abs. 2 Satz 3 Ziff. 3 FeV)

– eines Arztes in einer Begutachtungsstelle für Fahreignung, der die Anforderungen nach Anlage 14 FeV erfüllt (§ 11 Abs. 2 Satz 3 Ziff. 4 FeV)

– einer amtlich anerkannten Begutachtungsstelle für Fahreignung (medizinisch-psychologisches Gutachten) (§ 11 Abs. 3 FeV), falls zusätzlich zu einem Gutachten nach § 11 Abs. 2 Satz 3 Ziff. 1–4 oder Abs. 4 FeV erforderlich

– eines amtlich anerkannten Sachverständigen oder Prüfers für den Kraftfahrzeugverkehr, wenn zusätzlich erforderlich oder bei Behinderungen des Bewegungsapparates zur Feststellung, ob der Behinderte das Fahrzeug mit den erforderlichen besonderen technischen Hilfsmitteln sicher führen kann (§ 11 Abs. 4 Ziff. 1 und 2 FeV).

## II Sonderregelungen und Beschränkungen

1. *Mofas* bedürfen keiner Fahrerlaubnis (§ 4 Abs. 1 Satz 2 Nr. 1 FeV). Falls der Mofafahrer keine höherwertige Fahrerlaubnis besitzt, muss er ausreichende Kenntnisse der gesetzlichen Vorschriften nachweisen. Er muss auch nachweisen, dass er mit den Gefahren des Straßenverkehrs und mit den zu ihrer Abwehr erforderlichen Verhaltensweisen vertraut ist (§ 5 FeV). Hierüber erhält er eine Prüfbescheinigung. Zu den so genannten „Quads" siehe S. 42.

2. *Motorisierte Krankenfahrstühle* (im Sinne von § 4 Abs. 1 Satz 2 Nr. 2 FeV) bedürfen ebenfalls keiner Fahrerlaubnis.

3. Ebenfalls keiner Fahrerlaubnis bedürfen (§ 4 Abs. 1 Satz 2 Nr. 3 FeV) Kraftfahrzeuge, die *bauartbedingt* nicht mehr als 6 km/h fahren oder *Zugmaschinen,* die für *land- oder forstwirtschaftliche Zwecke* bestimmt sind sowie selbstfahrende *Arbeits-*

*maschinen, Stapler* und andere *Flurförderfahrzeuge* und *einachsige Zug- oder Arbeitsmaschinen,* falls von Fußgängern an Holmen geführt.

4. Bei nur bedingter Eignung kann eine *eingeschränkte Fahrerlaubnis* erteilt werden (§ 2 Abs. 4 Satz 2 StVG, § 23 Abs. 2 FeV) oder eine bereits erteilte Fahrerlaubnis nachträglich eingeschränkt oder mit Auflagen erteilt werden (§ 46 Abs. 2 FeV).

5. Möglich ist die *Beschränkung* auf *bestimmte Fahrzeugarten* oder eines bestimmten Fahrzeugs mit besonderen Einrichtungen (§ 23 Abs. 2 Satz 2 FeV) oder die Verhängung einer Auflage zum Gebrauch der Fahrerlaubnis, bezogen auf die konkrete Person.

6. Das Mindestalter bei möglicher Erteilung einer Fahrerlaubnis während oder nach einer Ausbildung zum „Berufskraftfahrer/in" oder in einem staatlich anerkannten Ausbildungsberuf, in dem vergleichbare Fertigkeiten und Kenntnisse zum Führen von Kraftfahrzeugen auf öffentlichen Straßen vermittelt werden, beträgt für Klasse B und für den stufenweisen Übergang zu C1 und C1E 17 Jahre. Für D, D1, DE und D1E beträgt das Mindestalter 20 Jahre; zusätzlich muss der Bewerber mindestens seit 2 Jahren die Klasse B erworben haben. Die erforderliche körperliche und geistige Eignung ist durch ein medizinisch-psychologisches Gutachten nachzuweisen. Die Fahrerlaubnis gilt bis zum Erreichen des regelmäßigen Mindestalters nur im Inland und nur für Fahrten zu Ausbildungszwecken, es sei denn, die Ausbildung ist abgeschlossen (§ 10 Abs. 2 FeV).

7. Für die *Neuerteilung* einer Fahrerlaubnis nach vorangegangener Entziehung oder nach vorangegangenem Verzicht gelten die Vorschriften für die Ersterteilung (§ 20 Abs. 1 FeV).

8. Eine Fahrerlaubnis der beantragten Klasse darf nur erteilt werden, wenn der Bewerber keine in einem Mitgliedstaat der Europäischen Union oder einem anderen Vertragstaat des Abkommens über den Europäischen Wirtschaftsraum erteilte Fahrerlaubnis (EU- oder EWR-Fahrerlaubnis) dieser Klasse besitzt (§ 8 FeV).

## III Beschränkungen, Auflagen und Zusatzangaben im Führerschein

1. In Form so genannter *Schlüsselzahlen* sind in Feld 12 des Führerscheins Beschränkungen, Auflagen und Zusatzangaben einzutragen.

*Schlüsselzahlen*

Beziehen sie sich auf *bestimmte* Fahrerlaubnisklassen, so sind sie in Feld 12 in der entsprechenden Zeile einzutragen.

Solche, die für *alle* Fahrerlaubnisklassen gelten, sind in der letzten Klasse des Feldes 12 unter den Spalten 9–12 zu vermerken.

Die harmonisierten Schlüsselzahlen der Europäischen Union bestehen aus zwei Ziffern, den sogenannten Hauptschlüsselzahlen. Daneben gibt es Unterschlüsselungen. Die Zahlen 1–99 haben auf EU-Ebene einheitliche Bedeutung.

Nationale Schlüsselzahlen bestehen aus drei Ziffern.

2. Die wichtigsten Schlüsselzahlen (vgl. Anlage 9 i.V.m. § 25 Abs. 3 FeV) sind nachfolgend aufgeführt.

a) Schlüsselzahlen der Europäischen Union (Auszüge)

01 Sehhilfe und/oder Augenschutz, wenn durch ärztliches Gutachten ausdrücklich gefordert:

01.01 Brille

*Schlüsselzahlen*

| | |
|---|---|
| 01.02 | Kontaktlinsen |
| 01.03 | Schutzbrille |
| 02 | Hörhilfe/Kommunikationshilfe |
| 03 | Prothese/Orthese der Gliedmaßen |
| 05 | Fahrbeschränkung aus medizinischen Gründen |
| 05.01 | Nur bei Tageslicht |
| 05.02 | In einem Umkreis von ... km des Wohnsitzes oder innerorts .../innerhalb der Region |
| 05.03 | Ohne Beifahrer/Sozius |
| 05.04 | Beschränkt auf eine höchstzulässige Geschwindigkeit von nicht mehr als ... km/h |
| 05.05 | Nur mit Beifahrer, der im Besitz der Fahrerlaubnis ist |
| 05.06 | Ohne Anhänger |
| 05.07 | Nicht gültig auf Autobahnen |
| 10 | Angepasste Schaltung |
| 15 | Angepasste Kupplung |
| 20 | Angepasste Bremsmechanismen |
| 25 | Angepasste Beschleunigungsmechanismen |
| 30 | Angepasste kombinierte Brems- und Beschleunigungsmechanismen |
| 35 | Angepasste Bedienvorrichtungen |
| 40 | Angepasste Lenkung |
| 42 | Angepasste(r) Rückspiegel |
| 43 | Angepasster Fahrersitz |
| 44 | Anpassungen des Kraftrades |
| 50 | Nur ein bestimmtes Fahrzeug (Fahrzeugidentifizierungsnummer) |
| 51 | Nur ein bestimmtes Fahrzeug (amtliches Kennzeichen) |

| 72 | Nur Fahrzeuge der Klasse A mit einem Hubraum von höchstens 125 cm$^3$ und einer Motorleistung von höchstens 11 kW (A1) | *Schlüsselzahlen* |

72    Nur Fahrzeuge der Klasse A mit einem Hubraum von höchstens 125 cm$^3$ und einer Motorleistung von höchstens 11 kW (A1)

73    Nur dreirädrige und vierrädrige Kraftfahrzeuge der Klasse B (B1)

74    Nur Fahrzeuge der Klasse C mit einer zulässigen Gesamtmasse von höchstens 7500 kg (C1)

78    Nur Fahrzeuge mit Automatikgetriebe

b) Nationale Schlüsselzahlen (Auszüge)

104    Muss ein gültiges ärztliches Attest mitführen

176    Auflage: Bis zum Erreichen des 18. Lebensjahres nur Fahrten im Rahmen des Ausbildungsverhältnisses

177    Klasse L, auch gültig im Umfang der mitzuführenden Ausnahmegenehmigung

## IV Folgen von Verstößen gegen Auflagen und/oder Beschränkungen

Da bei der Ausstellung eines Führerscheins der Inhaber über die Bedeutung der eingetragenen Schlüsselzahlen im Langtext zu informieren ist, wird jeder Verstoß in der Regel als vorsätzlich zu bewerten sein.

1. Die Nichtbeachtung von *persönlichen Auflagen* (etwa Brille tragen) beseitigt die Fahrerlaubnis nicht, führt aber zur Verwirklichung einer Ordnungswidrigkeit (§§ 23, 75 Nr. 9 FeV, 24 StVG).

2. Bei *Beschränkung einer Fahrerlaubnis* (Erteilung nur für eine bestimmte Fahrzeugart oder Fahrzeugklasse, für ein bestimmtes Kfz oder für Fahrzeuge mit bestimmten technischen Einrichtungen) führt ein Verstoß gegen die Beschränkung jedoch zur

Strafbarkeit, da ein Fahrzeug ohne Vorliegen einer dafür vorgesehenen Fahrerlaubnis geführt wird (§§ 23 Abs. 1 und 2 FeV, 21 StVG).

### V Fahrerlaubnisklassen nach altem Recht

Alle vor dem 1.1.1999 erteilten Fahrerlaubnisse bleiben grundsätzlich gültig. Sie behalten auch ihre ursprüngliche Bezeichnung, nämlich „Klassen 1 bis 5" (siehe dazu auch „Handbuch des Fahrerlaubnisrechts", 2. Auflage 2004, Kirschbaum Verlag, Bonn).

Eine Pflicht zum Umtausch besteht bisher nicht (§ 76 Nr. 13 FeV). Eine Umstellung erfolgt nur auf Antrag.

Der neue Umfang richtet sich nach Anlage 3 FeV; Einzelheiten sind dort einer gegenüberstellenden Tabelle zu entnehmen.

# Kapitel 4
# Arzthaftung und Fahreignung

## A Behandlungsvertrag

Rechte und Pflichten des Patienten und des Arztes bzw. des Krankenhauses folgen aus dem *Behandlungsvertrag* (auch *Arztvertrag* genannt). Der Behandlungsvertrag ist damit Grundlage für alle sich aus dem Behandlungsverhältnis ergebenden Haftungsfragen.

*Vertragliche Haftung*

Ärzte in Gemeinschaftspraxen haften dem Patienten – jedenfalls bei Kassenpatienten – als Gesamtschuldner (BGH MDR 1999, 1198). Bei Privatpatienten gilt die gesamtschuldnerische Haftung allerdings dann nicht, wenn der Vertrag auf eines der Mitglieder der Gemeinschaftspraxis begrenzt ist. Bei Partnerschaftsgesellschaften haftet der einzelne Arzt individuell für seinen Fehler, allerdings neben der Partnerschaftsgesellschaft (§ 8 Abs. 2 PartGG).

*Vertragsarten/ Vertragspartner*

Neben dem niedergelassenen Arzt wird die ärztliche Behandlung naturgemäß auch in Krankenhäusern übernommen, so dass in einem solchen Fall der Krankenhausträger alleiniger Vertragspartner und damit Träger von Rechten und Pflichten gegenüber dem Patienten ist (so genannter „totaler Krankenhausvertrag").

Bei Abschluss eines privaten Zusatzvertrags erwachsen aus diesem Vertrag zusätzliche Rechte und Pflichten (sog. „gespaltener Krankenhausvertrag").

Hier ist der Vertrag im Belegkrankenhaus als wichtiges und häufiges Behandlungsverhältnis zu nennen. Eine Haftung des Krankenhauses für Fehler des Belegarztes kommt dabei nicht in Betracht; eine Haftung des Krankenhauses ist insoweit aber bei Verletzung von eigenen Organisationspflichten denkbar.

Bei ambulanter Krankenhausbehandlung besteht ein Vertrag (nur) zu dem jeweiligen Chefarzt (BGH NJW 1987, 2289).

*Deliktische Haftung*

*Neben der Haftung aus dem Behandlungsvertrag kommt auch eine Haftung wegen einer rechtswidrigen und schuldhaften unerlaubten Handlung (Delikt) in Betracht, § 823 Abs. 1 und Abs. 2 BGB. Nachdem allerdings durch die Reform des Schuldrechts seit dem 1.1.2002 im Unterschied zum früheren Recht ein Schmerzensgeldanspruch auch im Fall einer Vertragsverletzung gewährt wird, dürfte die Inanspruchnahme des Arztes aus dem Gesichtspunkt (auch) der deliktischen Haftung auf Sonderfälle – etwa bei einem so genannten „totalen Krankenhausvertrag", in dem ein Vertrag nur zwischen dem Patienten und dem Krankenhausträger zustande kommt – beschränkt bleiben.*

*Hier haftet im Übrigen das Krankenhaus dann auch für die leitenden Organe, namentlich die Chefärzte. Das Krankenhaus kann sich nicht darauf berufen, die Chefärzte sorgfältig ausgewählt zu haben. Diesen so genannten „Entlastungsbeweis" des fehlenden Auswahlverschuldens kann das Krankenhaus aber in Bezug auf Fehler von so genannten „Gehilfen" führen, also in Bezug auf das allgemeine ärztliche Personal und in Bezug auf das Pflegepersonal.*

*Allerdings kann der Patient nach der Neuregelung des Schadensersatzrechts durch das Gesetz zur*

*Änderung schadensersatzrechtlicher Vorschriften (seit dem 1.8.2002) aber auch bei vertraglichen Pflichtverletzungen Schmerzensgeld verlangen (§ 253 BGB). Hier gilt die Zurechnung der Gehilfenhaftung über § 278 BGB, der im Unterschied zu § 831 BGB keine Exkulpation des Krankenhausträgers zulässt.*

*Soweit nachfolgend zur Vereinfachung nur die Haftung „des Arztes" erwähnt wird, betreffen die Ausführungen aber in gleicher Weise jene des Krankenhausträgers gegenüber dem Patienten.*

In jedem Einzelfall ist zur Beantwortung der Haftungsfrage zu klären, wer Vertragspartner und Erbringer der ärztlichen Leistung ist (vgl. *Rehborn* MDR 2000, 1101 ff.).

## I Haftung des Arztes wegen vertraglicher Pflichtverletzung

Die Haftung auf Schadensersatz und Schmerzensgeld folgt aus einer Pflichtverletzung des *Behandlungsvertrags* (§§ 611, 280, 253 BGB). Der Arzt muss eine solche dem Patienten gegenüber obliegende konkrete Pflicht durch Nichtbeachtung der im Verkehr erforderlichen Sorgfalt schuldhaft verletzt (§ 276 Abs. 2 BGB), also mindestens fahrlässig gehandelt haben. Eine vorsätzliche Verletzung durch Tun oder Unterlassen dürfte – von abstrusen Ausnahmen abgesehen – generell nicht in Betracht zu ziehen sein.

*Behandlungsvertrag*

Während der Patient das Vorliegen einer Pflichtverletzung im Haftungsfall darlegen und beweisen muss, obliegt es dem Arzt zur Vermeidung der Inanspruchnahme nachzuweisen, dass ihn an der Pflichtverletzung kein Verschulden trifft.

*Haftungs-verzicht*　Eine individuelle Vereinbarung über einen *Haftungsverzicht* zwischen dem Arzt bzw. dem Krankenhausträger und dem Patienten kann zulässig sein (OLG Saarbrücken OLGR 1998, 421).

Die Wirksamkeit eines solchen Verzichts setzt aber in jedem Fall eine wirksame Aufklärung (s. Seite 66 ff.) voraus. Ferner kann ein Verzicht auf Schadensersatz und Schmerzensgeld nie wirksam für die Fälle von vorsätzlicher oder grob fahrlässiger Körperverletzung vereinbart werden.

*Allgemeine Geschäfts-bedingungen*　Zweifel an der Wirksamkeit sind aber immer angebracht, soweit die Vereinbarung eines Haftungsverzichts durch Allgemeine Geschäftsbedingungen (AGB) erfolgt. Solche Klauseln in AGB sind mindestens überraschend und daher in der Regel unwirksam (OLG Bamberg VersR 1994, 813; OLG Köln NJW 1990, 776). Etwas anderes kann allenfalls dann gelten, wenn die Klauseln deutlich hervorgehoben und daher für den Patienten als solche erkennbar und verständlich sind (BGH VersR 1993, 481).

## 1 Pflichtenkatalog im Zusammenhang mit der Fahreignung des Patienten

Die Pflichten des Arztes, die diesem aus dem Behandlungsvertrag mit dem Patienten erwachsen, sind nicht zuletzt auf Grund der bereits eingangs zitierten Entscheidung des Bundesgerichtshofs (BGH NJW 2003, 2309) enorm.

Die Statuierung der Pflichten findet ihre Rechtfertigung in dem Gegenstand und in dem Charakter des Behandlungsvertrags, also in der konkreten Aufgabe des Arztes.

*Heilauftrag*　Zwar ist der Heilauftrag Grundlage und Grundsatz ärztlicher Tätigkeit. Ein Erfolg, also Besserung oder gar Heilung ist jedoch nicht geschuldet. Bleibt der erwartete Behandlungserfolg aus, so ist dieser Umstand deshalb noch kein Beleg für eine schlechte Behandlungsqualität.

Hieran ändert sich auch dadurch nichts, dass das Behandlungsverhältnis naturgemäß von einem besonderen Vertrauen zwischen Arzt und Patient und von einer gewissen Erwartungshaltung des Patienten geprägt ist.

Geschuldet wird die Erbringung des richtigen Verhaltens bei Einhaltung der „inneren und äußeren Sorgfalt" (s. Seite 58). Der medizinische Qualitätsstandard ist einzuhalten. Die Heilbehandlung hat demgemäß nach den Regeln der medizinischen Wissenschaft „lege artis" zu erfolgen.

*Medizinischer Standard*

Dabei hat der Arzt grundsätzlich das Recht des Patienten auf eigenverantwortliche Selbstbestimmung, welches aus dem Recht auf freie Entfaltung der Persönlichkeit und damit aus Art. 2 Abs. 1 Grundgesetz folgt, zu beachten.

In einem für den Arzt konkret erkennbaren Gefährdungsfall, in dem der Patient unmittelbar einem Risiko ausgesetzt ist, hat der Arzt die Pflicht, den Patienten vor einer konkreten Selbstgefährdung zu schützen:

a) Der Arzt muss *sicherstellen*, dass der in der Fahreignung eingeschränkte Patient die Behandlungsräume nicht unbemerkt verlässt und sich dadurch der Gefahr einer Selbstschädigung aussetzt.

*Pflicht zum Schutz vor Selbstgefährdung*

b) Bei Verordnung einer bestimmten Medikation reicht nicht einmal der regelmäßig umfangreiche Beipackzettel mit den entsprechenden umfangreichen Warnungen und Hinweisen auf

*Pflicht zur Aufklärung*

Nebenwirkungen aus. Der mögliche Umstand, dass mittlerweile jeder Patient um die Nebenwirkungen eines Medikamentes weiß, reicht nicht aus, um den Arzt aus seiner speziellen und gerade die Nebenwirkungen betreffenden Aufklärungspflicht zu entlassen.

c) Der Arzt ist *zusätzlich verpflichtet*, dem Patienten entsprechende Verhaltensmaßregeln mit auf den Weg zu geben, falls Nebenwirkungen nicht außerhalb der medizinischen Wahrscheinlichkeit liegen und eine negative Beeinflussung der Fahreignung möglich ist.

*Pflicht zur Warnung*

Der Arzt muss Patienten vor einer anschließenden Autofahrt aufklären und damit *warnen*. Er haftet, sofern er wusste oder hätte erkennen können, dass der Patient ein Kraftfahrzeug führt oder auch nur ein Fahrrad im Straßenverkehr benutzt und dies nicht verhindert (unzutreffend m. A. *Netz* in *Dettmers/Weiller*, Fahreignung bei neurologischen Erkrankungen, 2003, S. 16, der nur eine beratende Funktion des Arztes zu befürworten scheint).

*Pflicht zur Überwachung*

d) Der Arzt verletzt seine *Sorgfalts- Aufklärungspflicht* (LG Konstanz NJW 1972, 2223) und ggf. auch seine gesonderte *Überwachungspflicht* (BGH NJW 2003, 2309), wenn er es unterlässt, einen Patienten auf mögliche Gefahren hinzuweisen, die die Benutzung eines Kraftfahrzeugs im Anschluss an die Behandlung mit sich bringen kann. Er haftet, wenn er den Patienten nicht ausreichend vor sich selbst schützt und ihn im Zustand der eingeschränkten Fahreignung nicht überwacht (vgl. auch *Netz* a.a.O. S. 18.)

e) Erkennt der Arzt die verminderte Fahrtüchtigkeit, so hat er den Patienten nachhaltig zu informieren.

Das bloße „entschiedene Ausreden" reicht zur Vermeidung der Haftung nach der neueren Rechtsprechung nicht mehr aus (so aber noch *Laufs*, Handbuch des Arztrechts, 1999, § 62 IV Rdnr. 15).

*Pflicht zur nachhaltigen Information*

Diese Pflichten bestehen unabhängig von der Selbstverständlichkeit, dass der Patient als Kraftfahrer seine Pflichten im Straßenverkehr per se und ohne gesonderten Hinweis des Arztes kennen muss; ein Sich-Berufen auf Unkenntnis ist im Haftungsfall unerheblich.

Gleichwohl korrespondiert Art und Umfang der ärztlichen Behandlung und Medikation durchaus mit einer gewissen Betriebsblindheit und Sorglosigkeit des Patienten, der sich bei seinem Behandler sicher aufgehoben und beraten wähnt.

Der Appell des Arztes an die Eigenverantwortlichkeit des Patienten ist daher haftungsrechtlich bedenklich, da er dazu verführt, die besonderen Pflichten des Arztes aus dem Behandlungsvertrag sowie aus seinem überlegenen Wissen auf den Patienten als Laien zu verlagern. Es darf nicht verkannt werden, dass die Tätigkeit des Behandlers – juristisch betrachtet – letztlich auf der (zwar freiwilligen) Übernahme einer Pflicht beruht und der Behandler deshalb eine spezifische Schutzaufgabe im Dienste des Patienten übernommen hat.

*Eigenverant-wortlichkeit des Patienten*

Die Behandlung kann sich auch als ein Verhalten darstellen, das Gefahren erst begründet, man denke insbesondere an Operationen und Medikationen. Juristisch löst sowohl die Pflichtübernahme, als auch ein gefahrbegründendes Vorverhalten (auch „Ingerenz" genannt) regelmäßig eine Haftung aus Anlass einer so genannten „Garantenstellung" aus.

*Garanten-stellung*

Von der Beachtung dieser Pflichten hängt der Umfang der Haftung des Arztes ab, und bei zunehmend skeptischen Patienten zugleich auch das Risiko seiner haftungsrechtlichen Inanspruchnahme überhaupt. Verletzt der Arzt seine Pflichten und konnte er zudem die Risiken für seinen Patienten sicher beherrschen, so können dem Patient im Prozess Beweiserleichterungen zugebilligt werden.

**Ratschlag für den Arzt**

Verkehrsmedizinische Kompetenz stärken – Verkehrsmedizinische Relevanz der Erkrankung abklären und Konsequenzen in Bezug auf die Fahreignung beachten!

**2 Verschulden**

a) Sorgfalt

Die Bejahung einer Haftung bei Verletzung dieses Pflichtenkatalogs geht von der grundlegenden Vorstellung aus, dass der Arzt im Zusammenhang mit seiner konkreten Aufgabe, kraft seines überlegenen Wissens oder seiner Organisationsmacht die allein in seiner Sphäre liegenden Risiken voll beherrschen kann.

*Überlegenes Wissen*

Allein der Behandlungsvertrag begründet eine gesteigerte Sorgfaltspflicht gegenüber dem Patienten, weil dieser auf die überlegene Sachkunde des Arztes und daraus resultierend auf dessen Schutz vertraut (BGHZ 7, 198). Der Arzt ist daher auf Grund einer hieraus abzuleitenden besonderen *„Garantenstellung"* grundsätzlich zur Vornahme der gebotenen Handlung gegenüber dem Patienten verpflichtet.

Vor diesem Hintergrund wird kraft Gesetz das *Verschulden* im Hinblick auf eine fahrlässige und rechtswidrige Pflichtverletzung *vermutet* (§ 280 BGB). Hat der Arzt also eine konkrete aus dem Behandlungsvertrag abzuleitende objektive Pflicht erkennbar verletzt, so haftet er dann, wenn er in der konkreten Situation die höchstmöglich erforderliche Sorgfalt erkennen und danach handeln konnte.

*Vermutung der Pflichtverletzung*

*Fahrlässigkeit* liegt dann vor, wenn er denjenigen Sorgfaltsstandard außer Acht gelassen hat, den ein objektiver Dritter in derselben Situation eingehalten hätte.

Dies bedeutet: Der Arzt darf zwar in der konkreten Situation im Rahmen des Erforderlichen und des Möglichen durchaus individuell und auch flexibel reagieren. Das erforderliche Maß der anzuwendenden Sorgfalt hängt aber immer von der Wahrscheinlichkeit und vom Umfang eines drohenden Schadenseintritts für den Patienten ab und auch davon, welche Nachteile für den behandelnden Arzt damit verbunden wären, Maßnahmen zur Schadensvermeidung zu ergreifen oder die (gefährliche) Tätigkeit zu unterlassen.

*Sorgfaltsmaßstab*

Es geht also einerseits um die Einhaltung des medizinischen Standards (objektiv und typisch) als „*äußere Sorgfalt*" und andererseits um die intellektuelle, individuelle und auch emotionale Befassung des Arztes mit dem Patienten als „*innere Sorgfalt*" (vgl. dazu instruktiv *Deutsch-Spickhoff*, Medizinrecht; 5. Aufl. 2003, Rdnr. 144).

Die Aktualität von Erkrankungen bzw. Beeinträchtigungen (auch Alter) mit verkehrsmedizinischer Relevanz, sowie der Umstand, dass auch die medizinischen Fachorgane (*Deutsche Medizinische Wochenschrift, Deutsches Ärzteblatt* u. a.) der Verkehrsmedizin und Fragen der Fahreignung immer größere Aufmerksamkeit widmen und auch Haftungsfragen erörtert werden, schließt die Pflicht des Arztes ein, sich auch hierüber ständig zu informieren und danach zu handeln.

*Kenntnis der „Roten Liste"*

Nimmt der Patient *zentralwirksame Medikamente*, muss der Arzt selbstverständlich deren Wirkung und Nebenwirkung kennen. Bei Unkenntnis oder auch nur Zweifeln über die Wirkung stehen dem Arzt genügend Informationsquellen zur Verfügung, derer er sich zum Zwecke der zureichenden Information des Patienten bedienen muss. In der *„Roten Liste"* sind rund 9000 verschieden Präparate aufgeführt; ca. die Hälfte davon ist verschreibungspflichtig. An Hauptgruppen finden sich in der Roten Liste insgesamt 87 mit sehr unterschiedlicher Relevanz für die Fahreignung (s. Kapitel 5).

*Erkennt der Arzt also die verkehrsmedizinische Relevanz einer Erkrankung (auch altersbedingte Ausfallerscheinungen) und/oder einer Medikation oder hätte er die Relevanz erkennen können, so verletzt er die gebotene Sorgfalt und setzt sich der Gefahr aus, für einen Schaden haften zu müssen.*

b) Verschuldensformen

*Vorsatz und Fahrlässigkeit*

§ 276 BGB kennt zwei Formen des Verschuldens, namentlich *Vorsatz* und *Fahrlässigkeit*:

§ 276 Abs. 1 BGB bestimmt:

*„Der Schuldner hat Vorsatz und Fahrlässigkeit zu vertreten, wenn eine strengere oder mildere Haftung weder bestimmt noch aus dem sonstigen Inhalt des Schuldverhältnisses (...) zu entnehmen ist"*

§ 276 Abs. 2 BGB bestimmt:

*„Fahrlässig handelt, wer die im Verkehr erforder-
liche Sorgfalt außer Acht lässt"*

aa) Vorsatz

Vorsätzliches Verhalten bedeutet das Wissen und
das Wollen einer Pflichtverletzung. Im Regelfall
eines ärztlichen Behandlungsvertrags ist indes das
„bewusst unsorgfältige Verhalten" und damit eine
vorsätzliche Pflichtverletzung ausschließbar.

bb) Fahrlässigkeit

Medizinische Pflichtverletzungen beruhen in der
Realität vielmehr auf leichter, mittlerer oder grober
Fahrlässigkeit, wobei der Nachweis grober Fahrlässigkeit weit reichende Konsequenzen im Haft-
pflichtprozess durch Umkehr der Beweislast bei den
Schadensfolgen für den Patienten nach sich ziehen
kann.

*Maßstab* für den Umfang des Verschuldens ist ein
gewissenhafter und durchschnittlich ordnungs-
gemäß arbeitender Arzt (siehe a) Sorgfalt).

Diesem obliegt insbesondere die Pflicht zur Fortbildung (siehe die einzelnen „Fortbildungsrichtlinien"
der Landesärztekammern). Dies gilt natürlich auch
für verkehrsmedizinische Qualifikationen und Fort-
bildungen. Der Arzt hat im Übrigen schon auf
Grund seiner berufsrechtlichen Verpflichtung zur
Erhaltung und Entwicklung seiner Fachkenntnisse
den medizinischen Standard (Stand der Wissenschaft) zum Zeitpunkt der Behandlung zu kennen.

*Fortbildung*

Dem Arzt ohne Gebietsbezeichnung ist abzuverlan-
gen, dass er mindestens die inländischen Allgemein-
fach-Periodika studiert. Der Facharzt wird auch das

Studium methoden-spezifischer ausländischer Quellen nachweisen müssen (BGH VersR 1991, 469).

Übernimmt der behandelnde Arzt – unabhängig von seiner Fachrichtung – Behandlungen außerhalb seines eigentlichen Gebiets, so hat er für den spezifischen Qualitätsstandard der übernommenen Aufgabe auch einzustehen (BGH VersR 1987, 1089).

*Sondergebiet Verkehrsmedizin*

Dies gilt auch für die Verkehrsmedizin als ein Sondergebiet, mit dem insbesondere der durchschnittliche Hausarzt nicht hinreichend vertraut ist. Hier bedarf es spezieller Kenntnisse und auch Erfahrung mit verkehrsrelevanten Gesundheitsstörungen (vgl. *Wehner/Mußhoff/Madea* Praxis Rechtsmedizin S. 407).

*Grobe Fahrlässigkeit*

Eine *grob fahrlässige* Pflichtverletzung und damit ein grober Behandlungsfehler liegt stets dann vor, wenn die erforderliche Sorgfalt in ungewöhnlich großem Maße verletzt wurde und dasjenige unbeachtet geblieben ist, was im konkreten Fall jedem hätte einleuchten und zum Handeln veranlassen müssen (st. Rspr. seit BGHZ 10, 74; NJW 1996, 314).

Es geht also bei der groben Fahrlässigkeit um ein Fehlverhalten, das aus objektiver ärztlicher Sicht (ex ante) nicht mehr verständlich erscheint, weil ein solcher dem Arzt schlechterdings nicht unterlaufen darf.

Grobe Fahrlässigkeit ist z. B. anzunehmen für den Fall der Missachtung diagnostischer und therapeutischer Grundregeln.

Insbesondere auch in dem Unterlassen einer gebotenen Sicherungsaufklärung, die der therapeutischen Aufklärung (Beratung) zuzuordnen ist, kann ein grober Behandlungsfehler liegen. Dies gilt dann, wenn dem Patienten aus dem Unterlassen unmittelbar konkrete Gefahren drohen (siehe den Fall LG Konstanz auf Seite 72).

cc) Einzelfälle

Haftungsrechtlich relevante Pflichtverletzungen – durch Tun oder durch Unterlassen – sind in allen Bereichen ärztlicher Tätigkeit denkbar. Ob es sich bei einer Handlung oder Unterlassung um einen „groben Behandlungsfehler" handelt, ist eine reine Rechtsfrage. Dies wird durch die Gerichte schon bei der Formulierung der Beweisfrage an den Sachverständigen oft verkannt. Der Sachverständige indes „berät" lediglich den allein entscheidenden Richter (BGH VersR 1988, 293).

Die *Nichtbehandlung* trotz erforderlicher und erkennbarer Behandlungsnotwendigkeit stellt sicherlich den Extremfall einer Pflichtverletzung dar. Ein Unterlassen steht immer einem fehlerhaften positiven Tun gleich, wenn eine Rechtspflicht zur Abwendung eines Schadens besteht. Diese Rechtspflicht ergibt sich aus der Garantenstellung des Behandlers (siehe I 1). Eine Haftung ist immer dann *Zumutbare* zu bejahen, wenn der Behandler die tatsächliche *Behandlung* und zumutbare Möglichkeit der Schadensabwendung hat und die Nichtbehandlung kausal für den Schaden gewesen ist. Ein Unterlassen ist immer dann kausal für den Erfolg (Schaden), wenn das gebotene Tun nicht hinzugedacht werden kann, ohne dass der konkrete Erfolg mit an Sicherheit grenzender Wahrscheinlichkeit entfiele.

Die Typologie weiterer Fehler lässt sich in gewisser Weise in den Behandlungsablauf einordnen. Die Rechtsprechung ist dem zur Folge sehr kasuistisch.

Es kommen etwa *Fehlmaßnahmen* durch eine (feh- *Abweichungen* lerhafte und schadensursächliche) Abweichung *vom medizi-* vom medizinischen Standard vor. Eine Pflichtverlet- *nischen Standard* zung kann aber auch in einer Behandlung liegen, die über das medizinisch gebotene Maß hinausgegangen ist.

*Handwerkliche Fehler*

Fehlerhaft können auch *begleitende* Maßnahmen sein, die sich teilweise schon als handwerkliche Fehler darstellen, z. B. bei immer wieder festzustellender schlichter Nachlässigkeit in der Operationshygiene oder in der stringenten fachgerechten Nachversorgung und dadurch bedingten Folgeerkrankungen.

*Fehlinformationen*

*Fehlerhafte Informationen* oder solche, die für den Patienten nicht verständlich sind, haben nicht selten weit reichende Folgen, etwa bei Überdosierung von Medikamenten, fehlerhafter Zusammenstellung oder Nichtbeachtung des Zusammenspiels von Medikamenten. Hier kommt auch der Pflicht zur *Verlaufsbeobachtung* eine wichtige Rolle zu.

*Erforderliche Arbeitsteilung*

Die *Arbeitsteilung* ist insbesondere im Krankenhaus ein unabdingbares Element für einen funktionsfähigen Behandlungsapparat, stellt aber ebenso eine mögliche Quelle für haftungsrelevante Fehler dar. So hat jeder Arzt zunächst die ihm zugeordneten Aufgaben im Rahmen seiner Kompetenz zu erledigen. Er darf sich aber nur solange auch auf die Leistungen seiner Kollegen verlassen, wie nicht Qualifikationsmängel oder Fehlleistungen offenbar werden (BGH NJW 1991, 1539).

Funktionierende Arbeitsteilung wiederum kann auf Kommunikation nicht verzichten. Es versteht sich von selbst, dass bei Übergabe des Patienten – innerhalb einer Klinik oder auch vom Hausarzt an die Klinik – ein fachlich kritischer Austausch von Informationen bis hin zum Personal der Pflegestation im Krankenhaus über Art und Umfang der Behandlung in jedem Fall erforderlich ist (BGH NJW 1987, 2293; VersR 1989, 186).

Der Verletzung von *Organisationspflichten* auch *Aufsichtsverschulden* – insbesondere beim Krankenhausvertrag – kommt eine besondere Bedeutung zu.

Der Krankenhausträger hat die Chefärzte wegen der ihnen übertragenen Organisationsaufgaben zu überwachen (BGH VersR 1979, 844).

Die Chefärzte wiederum haben die fachliche Aufsicht über die untergeordneten ärztlichen und nichtärztlichen Dienste (BGH VersR 1980, 768).

*Ausübung der Fachaufsicht*

Hier gelten strenge Anforderungen (BGH VersR 1984, 386).

Das Krankenhaus wird regelmäßig umfassend haften und kann sich bei Verletzung solcher Pflichten weder darauf berufen, unter sachlichen oder personellen Engpässen zu leiden, noch kann fehlende oder unzureichende Ausbildung oder Erfahrung exkulpieren.

Auch hier gilt als Haftungsmaßstab allein der objektive ärztliche Standard, so dass Eil- oder Notfälle oder so genannte „vermeidbare Fehler, die vermeintlich jedem passieren können" niemals als Argument zur Verneinung der Haftung herangezogen werden können (BGH VersR 1985, 782; OLG Düsseldorf VersR 1986, 659).

Nur ausnahmsweise kann auf strukturelle Unterschiede in der medizinischen Versorgung Rücksicht genommen werden, soweit diese unvermeidbar sind und eine Basisversorgung und ein ebensolcher medizinischer Standard jedenfalls nicht unterschritten wird.

Mit dieser Einschränkung trägt die Rechtsprechung dem Umstand Rechnung, dass ein Allgemeinarzt nicht dem Facharztstandard und die Klinik in einer Kleinstadt regelmäßig nicht dem Standard einer Fach- oder gar Universitätsklinik entsprechen kann. Übernimmt jedoch ein Krankenhaus oder ein Arzt eine Behandlung in Kenntnis dieser „Defizite", so folgt die Haftung aus einem Übernahmeverschulden oder wegen mangelnder Qualitätsaufklärung (s. nachfolgend II 2).

**Ratschlag für den Arzt**

Qualitätsmanagement einführen und sichern – Dokumentieren – Krankenhausträger im Organisationsbereich auch Chefärzte kontrollieren – Kompetenzen verteilen und klar abgrenzen – Personal schulen und instruieren – durch ständige Fortbildung den medizinischen Standard sichern!

## II Die Pflicht zur Aufklärung – Inhalt, Umfang und Absicherung

### 1 Grundsätze

*Heileingriff ist Körperverletzung*

Da grundsätzlich jeder Heileingriff juristisch gesehen eine rechtswidrige Körperverletzung des Patienten durch den Arzt darstellt, kann nur die wirksame *Zustimmung* des Patienten die Rechtswidrigkeit dieser Körperverletzung beseitigen. Aufklären kann folgerichtig nur der Arzt selbst, nicht aber sein nichtärztliches Personal (*Deutsch-Spickhoff* a.a.O. Rdnr. 233). Denn nur dem Arzt sind die mit der Behandlung verbundenen Risiken bekannt. Selbst wenn das medizinische Hilfspersonal geschult oder von dem Arzt über allgemeine Risiken informiert wurde, so kann nur der Arzt im konkreten Fall differenziert beurteilen, verstehen und damit

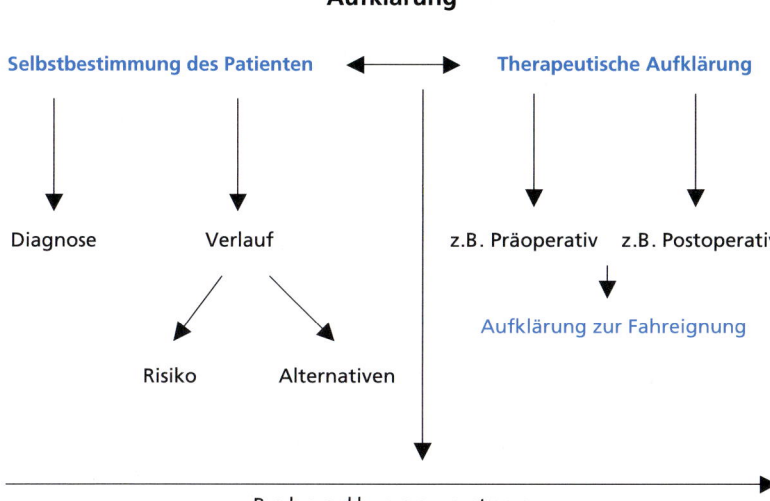

**Art und Umfang der Aufklärung des Patienten im Behandlungsverlauf**

aufklären, welchen Risiken der Patient ausgesetzt ist. Ein anderer Arzt als der Behandler kann indes wirksam aufklären, so etwa der Assistenzarzt (*Deutsch-Spickhoff* a.a.O.). Auch hier ist jedoch Voraussetzung einer wirksamen den Anforderungen genügenden Aufklärung, dass er mit den Risiken so weit vertraut ist, dass ihm eine vollständige Aufklärung des konkreten Patienten möglich ist. Der selbst und in eigener Person aufklärungspflichtige Behandler muss sich Versäumnisse bei der Aufklärung, die ein anderer Arzt vorgenommen hat u. U. zurechnen lassen (OLG Oldenburg VersR 1999, 1422).

*Kenntnis der Risiken*

Die Einwilligung kann aber wirksam nach Maßgabe der Aufklärung nur erteilt werden, sofern der Patient den Sinn und Zweck der beabsichtigten

*Verständliche*
*Information*

medizinischen Heilbehandlung versteht. Der Patient muss also *verständlich* und individuell nach Maßgabe der konkreten Situation und seiner intellektuellen Fähigkeiten aufgeklärt werden. Deshalb muss die Aufklärung der Heilbehandlung einerseits vorausgehen.

Andererseits ist eine Aufklärung zur Durchführung der Behandlung nur möglich, wenn sich der Arzt mit dem Patienten auseinandersetzen und dessen Befindlichkeit in Erfahrung bringen kann. Es ist damit ein enges Zusammenwirken von Arzt und Patient erforderlich. Der Arzt hat den Patienten so zu informieren, dass dieser selbst bestimmend den Verlauf der Behandlung beeinflussen kann. Ein informierter Patient braucht nicht aufgeklärt zu werden. So versteht es sich auch, dass Vorkenntnisse und der allgemeine Bildungsstand in Rechnung zu stellen sind (*Deutsch-Spickhoff* a.a.O. Rdnr. 214).

*Rechtzeitige*
*Information*

Der Patient hat in der Regel die *wesentlichen Informationen* über seine Krankheit sowie Informationen über Art, Umfang, Risiken und Alternativen der Behandlung *rechtzeitig* zu erhalten. Anderes gilt selbstverständlich im Fall eines Notfalls. Hier wird die mutmaßliche Einwilligung des Patienten in den Eingriff die Rechtswidrigkeit einer sonst anzunehmenden Körperverletzung beseitigen. Der Arzt kann in einem Notfall deshalb zu Recht mutmaßen, dass der Patient auch ohne Aufklärung mit dem Heileingriff einverstanden ist.

## 2 Konkrete Aufklärung

Die Aufklärungspflicht ist damit wesentlich von der *Verantwortung* des Arztes für die *Information* des Patienten getragen

– Der Patient muss im Großen und Ganzen wissen, wann und was mit ihm geschieht (*Verlaufs- und Alternativaufklärung*). Hierzu gehört auch die Aufklärung bei ggf. gewünschter Nichtbehandlung.

*Arten der Aufklärung*

– Der Patient muss wissen, welche Risiken mit dem Eingriff verbunden sind (*Risikoaufklärung*).

– Der Patient muss auch wissen, welche Umstände erforderlich sind, damit die Behandlung zum Erfolg führt (*Therapeutische Aufklärung*). Hierher gehört u. U. die Aufklärung über die Wirkung von Medikamenten oder über die Möglichkeit einer qualitativ höherwertigen Behandlung.

– Zur Aufklärung gehört auch die Information über wirtschaftliche oder versicherungsrechtliche Begleitumstände (*Kaufmännische Aufklärung*).

Über die Diagnose ist im Übrigen nur immer dann aufzuklären, falls diese für die Entscheidung des Patienten erkennbar von Bedeutung sein kann.

Nur dann, wenn diese Informationen vollständig sind und den Patienten auch erreicht haben, kann der Patient wirksam seine Einwilligung in die ärztliche Heilbehandlung erklären.

## 3 Aufklärung und Fahreignung

Der Arzt hat sich unbedingt die Kenntnis zu verschaffen, ob der Patient verkehrstauglich ist, sofern eine Relevanz zur ärztlichen Behandlung erkennbar ist. Diese Pflicht folgt aus dem Arztvertrag.

Bei begründeten Zweifeln an der Fahreignung bedarf es einer umfassenden *Sicherheitsaufklärung* durch den Arzt. Es handelt sich hier um eine gesonderte Hinweis- und Informationspflicht. Diese wird zutreffender als Sicherungs*beratung* aufzufassen

*Sicherungs-beratung Fahreignung*

sein, da sie eben nicht die Selbstbestimmung des Patienten betrifft, sondern zum eigentlichen Kern der Behandlung gehört (zutreffend *Rehborn* MDR 2000, 1103).

Diese Pflicht folgt ebenfalls aus dem Behandlungsvertrag (vgl. *Deutsch-Spickhoff* Medizinrecht; Rdn. 118).

*Zeitpunkt der Aufklärung*

Der Patient ist in einem Gespräch *vor* einer Behandlung, jedenfalls *unmittelbar nach* einer solchen Behandlung, die die Fahrtauglichkeit beeinträchtigen kann, in Kenntnis zu setzen über Folgen der ärztlichen Behandlung und der Erkrankung für die Fahreignung und für die Teilnahme am Straßenverkehr.

Dem Patienten muss hernach die Möglichkeit gegeben werden, sich auf das Ergebnis der ärztlichen Therapie einzurichten, anderenfalls der Patient naturgemäß keine Gelegenheit zur Selbstkontrolle hat.

*Hinweis auf Beipackzettel genügt nicht*

Die Aufklärung hat *unmissverständlich* und *detailliert* zu sein; der bloße Hinweis auf den Beipackzettel bei Medikation genügt nicht *(dieser Hinweis mag nach LG Dortmund ArztR 2000, 346 allenfalls bei der Risikoaufklärung reichen).*\*

Oft erhält der Patient einen Beipackzettel ohnehin nicht, etwa bei Applikation durch den Behandler selbst.

Der Arzt darf sich auch nicht darauf verlassen, dass er von dem Patienten gefragt wird – die Floskel *„Fragen Sie Ihren Arzt oder Apotheker"* hilft nicht weiter und ist für eine zureichende Aufklärung unbrauchbar und falsch.

---

\* Nach dem BGH-Urteil vom 15.3.2005, Az. VI ZR 289/03 ist über Nebenwirkungen und Risiken aufzuklären. Der Warnhinweis in der Packungsbeilage des Pharmaherstellers reicht gerade nicht.

Der Arzt muss aktiv werden, nicht der Patient. Dies gilt insbesonders auch für Dosierungsänderungen oder Schwankungen bei den Einnahmezeiten und auch für Gefahren, die sich aus der Einnahme weiterer und anderer Medikamente im Rahmen von Beikonsum ergibt. Hiernach muss sich der Arzt selbst erkundigen.

*Initiativpflicht des Arztes*

Da sich der Patient auf die Folgen der Therapie einrichten muss, wird der richtig handelnde Arzt nicht umhin kommen, auch die Fahrgewohnheiten des Patienten nachzufragen. Insoweit obliegt dem Arzt die Pflicht, bei der Wahl der Dosierung von Medikamenten, hierauf Rücksicht zu nehmen und den Patienten hierüber zu informieren. Diese Pflicht soll sicherstellen, dass sich der Patient auf Leistungsminderungen individuell einstellen kann und hiervon nicht risikobehaftet überrascht wird.

*Nachfragepflicht des Arztes*

Auch der nicht am motorisierten Straßenverkehr teilnehmende Patient, also der Fußgänger oder der Fahrradfahrer, ist natürlich Gefahren ausgesetzt oder kann Urheber von Gefahren sein und ist deshalb in angemessener Weise zu informieren.

Die Aufklärung beeinflusst damit die sonst der unmittelbaren Kontrolle und Beaufsichtigung durch den Arzt entzogene und grundsätzlich „freie Entfaltung der Persönlichkeit" des Patienten im Straßenverkehr.

Es handelt sich insoweit um eine *vorverlagerte Aufklärung* bzw. eine beratungsimmanente Leistung des Arztes, die allein dem Zweck dient, dem Patienten die Konsequenzen und Gefahren zum Zwecke der *eigenverantwortlichen Entscheidung* über das weitere Verhalten im Zusammenhang mit der Teilnahme am (nicht nur motorisierten) Straßenverkehr vor Augen zu führen.

Die Sicherheitsaufklärung hat deshalb insbesondere eine besondere *Warnfunktion* in Bezug auf Folgen und das Verhalten des Patienten (vgl. *Deutsch-Spickhoff* Medizinrecht Rdn. 118). Sie versetzt den Patienten in die Lage, eigenverantwortlich die entsprechenden Vorkehrungen zur Risikoausschaltung treffen.

Obwohl die Sicherheits- bzw. Gefahrenaufklärung nicht in einem direkten unmittelbaren Zusammenhang mit der Einwilligung in einen ärztlichen Heileingriff steht, macht sich der Arzt bei Verletzung dieser Aufklärungspflicht schadenersatzpflichtig (LG Konstanz NJW 1972, 2223):

*Aufklärung auch bei seltenen Risiken*

*Ein Patient hatte nach einer Megacillin-forte-Injektion die Herrschaft über sein Kraftfahrzeug verloren und einen Verkehrsunfall verursacht. Festgestellt wurde eine anaphylaktische Reaktion, die nur in etwa 0,04 % aller Fälle auftreten kann. Gleichwohl war dem Arzt vorzuwerfen, dass er den Patienten nicht über die Möglichkeit einer solchen anaphylaktischen Reaktion aufgeklärt, ihn über die notwendigen Verhaltensmaßregeln nicht informiert und dadurch nicht sichergestellt hatte, dass der Patient eine eigenverantwortliche Entscheidung selbstbestimmt treffen konnte.*

*Pflicht zur Sicherung*

Noch weiter geht die eingangs dargestellte Rechtsprechung des Bundesgerichtshofs (Urteil vom 8.4.2003, Az. VI ZR 265/02):

*Der Arzt muss danach sogar sicherstellen, dass sein Patient die Behandlungsräume nicht unbemerkt verlässt und sich dadurch der Gefahr einer Selbstschädigung aussetzt.*

Diese Pflicht des Arztes zum Schutz des Patienten vor Selbstgefährdung ist indes nicht gänzlich neu.

Insbesondere bei Patienten, die intellektuell minderbegabt sind und daher ein Risiko- oder Gefährdungspotenzial für sich oder andere darstellen, ohne selbst angemessen reagieren und sich schützen zu können, oder bei Patienten, die mit denselben Konsequenzen individuell psychisch labil oder erkrankt sind, muss der Arzt deren größtmögliche Sicherheit gewährleisten. Dieser Pflicht ist zu entsprechen, soweit ein solches Gefährdungspotenzial deutlich erkennbar ist oder nahe liegt und die konkret im Einzelfall erforderliche Sicherungsmaßnahme (mildestes Mittel) in einem angemessenen Verhältnis zu den Eigeninteressen des Patienten und des Therapieerfolges steht (vgl. OLG Köln VersR 1994, 1425; Kind verlässt unbeaufsichtigt Krankenhaus; OLG Koblenz MedR 1998, 421; BGH NJW 2000, 3425; OLG Stuttgart MedR 2002, 153 – jeweils zur Unterlassung von Fixierung – oder sonstigen Sicherungsmaßnahmen).

*Reaktionspflicht bei Erkennbarkeit einer Gefahr*

Ein ärztliches Fehlverhalten kann auch darin liegen, dass eine notwendige Befunderhebung unterbleibt. Dieser Fehler kann zur Folge haben, dass der Arzt oder der Krankenhausträger für eine daraus folgende objektiv falsche Diagnose und für eine der tatsächlich vorhandenen Krankheit nicht gerecht werdende Behandlung und deren Folgen einzustehen hat (BGH MDR 2003, 1290 m.w.N.)

### 4 Wirksame Aufklärung – Darlegungs- und Beweisfragen im Haftungsprozess

a) Darlegungs- und Beweislast des Patienten

Alle mit einer therapeutischen Aufklärung verbundenen Fragen gehören zur ärztlichen Behandlung.

Die Behauptung, der Arzt habe nicht oder nur fehlerhaft über negative Auswirkungen der Erkrankung bzw. deren Behandlung auf die Fahreignung aufgeklärt, ist von dem Patienten zu beweisen.

Denn die Aufklärung in Bezug auf die richtige Anpassung an die sich aus der Wirkung – etwa der Medikation – ergebenden Beeinträchtigungen bei Teilnahme am (nicht nur motorisierten) Straßenverkehr bezieht sich auf *therapeutische* Erfordernisse.

Hält der Arzt indes eine nicht vorgenommene therapeutische Aufklärung für nicht notwendig, so hat er diesen Umstand zu beweisen (OLGR Köln 2000, 226).

*Umkehr der Beweislast*    Ein bewiesener grober Verstoß gegen die therapeutische Aufklärungspflicht (Sicherungsaufklärung) führt aber regelmäßig zur Umkehr der objektiven Beweislast für den ursächlichen Zusammenhang zwischen dem Behandlungsfehler und dem Gesundheitsschaden, wenn sie geeignet ist, den eingetretenen Schaden zu verursachen; eine Wahrscheinlichkeit für ein Ergebnis einer Kontrolluntersuchung ist in einem solchen Fall nicht erforderlich (BGH VersR 2004, 909; sowie fortführend BGH Urt. vom 16.11. 2004 – VI ZR 328/04).

Es steht damit außer Frage, dass die fehlende therapeutische Aufklärung stets zur Prüfung eines groben Behandlungsfehlers Anlass gibt, da dem Behandler regelmäßig genügend Anknüpfungstatsachen für die Beeinträchtigung der Fahreignung vorliegen um daraus die jedem einleuchtenden Konsequenzen zu ziehen, namentlich den Patienten sorgfältig aufzuklären (s. B I 2 bb).

b) Darlegungs- und Beweislast Behandler

Demgegenüber hat der Arzt jene Umstände darzulegen und zu beweisen, die für die wirksame Einwilligung des Patienten in die Behandlung maßgeblich sind, mithin die Voraussetzungen der *Selbst-*

*bestimmungs*aufklärung (Diagnose, Verlauf und Risiko). Rügt also der Patient, er sei nicht (wirksam) aufgeklärt worden und kann der Arzt eine den Anforderungen entsprechende Aufklärung nicht beweisen, so trägt der Arzt auch die Beweislast für das Nichtvorliegen eines Behandlungsfehlers.

## 5 Aufklärungs- und Schutzpflichten bei Hindernissen

Ist eine Aufklärung nicht möglich, so hindert dieser Umstand weder die Behandlungs- noch die Aufklärungspflicht! Denn natürlich hat der Patient auch in diesen Fällen ein objektives Interesse sowohl an der Behandlung als auch an der Aufklärung.

a) Krankheit

Sofern der Patient aus *krankheitsbedingten* Gründen die Aufklärung durch den Arzt nicht versteht, darf und muss zur Information auf dem Patienten nahe stehende Personen zurückgegriffen werden.

*Aufklärung gegenüber Dritten*

Der nahe Angehörige ist dann zureichende Auskunftsperson und Wissensvermittlungsperson des Patienten. Auch Freunde oder Nachbarn kommen in Betracht.

Entscheidend bei der Beurteilung, ob den Patienten die aufklärenden Informationen auch tatsächlich erreichen, ist die natürliche Einsichts- und Entschlussfähigkeit. Es kommt nicht auf die Geschäftsfähigkeit an.

b) Sprachbarrieren

Bei *sprachunkundigen* Patienten sind ebenfalls Angehörige als Sprachmittler, nötigenfalls Dolmetscher, einzubeziehen. Kosten hierfür werden von der gesetzlichen Krankenkasse allerdings nicht getragen.

*Sprachmittler*

c) Besondere Fälle

*Vormundschafts-*
*gericht*

In Fällen sonst nicht anders abwendbarer drohender erheblicher *Gefahren für die Allgemeinheit oder den Patienten* soll der Arzt das Vormundschaftsgericht anrufen, so dass ein Betreuer zu bestellen ist, der dann objektiv über das Wohl des Patienten zu entscheiden hat. Dies gilt insbesondere auch für Personen, die nach Einschätzung des Arztes *krankheitsbedingt* nicht in der Lage sind, die Aufklärung aufzunehmen (z. B. bei Demenz, Schizophrenie o. ä.).

In Fällen, in denen der Eintritt der Gefahr sofort droht, muss der Arzt *Verbote* aussprechen, ggf. die Zündschlüssel wegnehmen und den Weg versperren (*Laufs/Uhlenbruck* in: Handbuch des Arztrechts § 150). Der Arzt muss den Patienten nötigenfalls unter Hinzuziehung der Polizei hindern, am Straßenverkehr teilzunehmen.

Diese Sachverhalte mögen im Praxisalltag zwar eher selten auftreten; im Klinikalltag sind sie durchaus relevant.

*Unterrichtung*
*der Straßen-*
*verkehrsbehörde*

Der Arzt kann auch ohne persönliche Konsequenzen trotz Verletzung ärztlicher Schweigepflicht berechtigt sein, die *Straßenverkehrsbehörde* zu unterrichten, sofern der Patient auch nach wiederholter Aufklärung und Ermahnung am Straßenverkehr teilnimmt und konkret zu befürchten ist, dass schwer wiegende Gefahren bestehen (für den Fall einer schweren paranoiden Psychose BGH NJW 1968, 2288).

d) Rechtzeitigkeit (Unzeit)

Der Funktion der Aufklärung entsprechend muss die Aufklärung rechtzeitig erfolgen. Dieses Problem stellt sich insbesondere bei ambulanten Operationen. Hier darf der Patient weder zeitlich, noch örtlich unter dem Druck der bevorstehenden Operation stehen.

Notfälle gehören nicht hierher, da insoweit bereits die mutmaßliche Einwilligung des Patienten in die ggf. auch lebensrettende Maßnahme die Rechtswidrigkeit des gebotenen ärztlichen Heileingriffs beseitigt.

## 6 Pflichten aus dem Behandlungsvertrag

Der Arzt ist gegenüber dem Patienten, der sich aus Anlass der *Akutphase* einer Erkrankung in die ärztliche Behandlung begibt, ab jenem Zeitpunkt verantwortlich. Dasselbe gilt für Patienten mit chronischen Erkrankungen. Der Arzt hat nun die Erfordernisse der diagnostischen und therapeutischen Aufklärung zu erfüllen und den Patienten lege artis zu behandeln.

**Behandler**          Akutphase          Akutphase

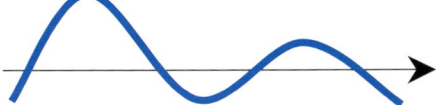

**Behandlungsverhältnis**

**Patient**          Stabilisierungsphase

**Die sich für den Behandler ergebenden Pflichten folgen aus dem Behandlungsvertrag, dessen Fortlauf durch den Zeitstrahl dargestellt wird**

Diese Pflichten wirken in dem weiteren Behandlungsverlauf fort und wirken bis in die Genesungsphase hinein. Insofern ist die Pflicht des Arztes im Hinblick auf die therapeutische Aufklärung eine Sicherungsaufklärung und damit eine *vorverlagerte* Aufklärung.

*Selbstbestimmte*
*Entscheidungen*
*ermöglichen*

Sie soll den Patienten in die Lage versetzen, selbstbestimmt und damit eigenverantwortlich die gebotenen Entscheidungen zu treffen.

Die Einhaltung dieser Sorgfalt wirkt sich für den Behandler entscheidend positiv aus. Denn ein aufgeklärter Patient oder ein solcher, der in konkreter Gefahrenlage durch geeignete Maßnahmen geschützt wird (etwa Beaufsichtigung nach Sedierung oder Fixierung bei bestimmten Krankheitsbildern), kann keinerlei Schadensersatzansprüche geltend machen, wenn sich dennoch ein – dann nur noch als allgemeines Lebensrisiko anzusehendes – Schadensrisiko verwirklicht.

Da kraft Natur der Sache in der Akutphase – je nach Typizität der Erkrankung – krankheits- oder behandlungbedingte Einschränkungen der psycho-physischen Leistungsfähigkeit auftreten, hat der Behandler hier eine erhöhte Sorgfaltspflicht zu wahren. Diese Sorgfaltspflicht berührt sowohl die (vorverlagerte) Aufklärung, als auch die Behandlung selbst.

Erkennt der Behandler die sich aus der Typizität der Erkrankung ergebenden besonderen Gefahren, die sich für den Patienten in einer Akutphase ergeben und handelt der Behandler nicht nach dieser Erkenntnis, so haftet er dem Patienten auf Ersatz des diesem dadurch entstehenden Schadens.

Gleiches gilt, sofern sich der Behandler einer nahe liegenden Erkenntnis fahrlässig verschließt.

## 7 Absicherung des Arztes – Dokumentation

**Ratschlag für den Arzt**

Zur haftungsrechtlichen Absicherung *soll* der Arzt bei verkehrsrelevanten Erkrankungen und/oder solchen Einschränkungen, die auf die Behandlung zurückzuführen sind

– seine Patienten grundsätzlich aus Anlass der Behandlung *fragen*, ob diese sich im Straßenverkehr eines Fortbewegungsmittels bedienen,

– den Umstand der Befragung und die Antwort in der Patientenkartei *dokumentieren*,

– in der *Patientenkartei* festhalten, dass er den Patienten auf seinen Gesundheitszustand, auf die therapeutischen Erfordernisse und damit auf das Risiko sowie auf die Gefahren im Zusammenhang mit der Teilnahme am Straßenverkehr aufmerksam gemacht hat,

– von einer schematischen Verwendung vorformulierter *„Patientenerklärungen"*, in denen der Patient eine vermeintlich ausführliche Aufklärung durch den Arzt bestätigt, in jedem Fall absehen,

*Die Freizeichnung des Arztes bzw. die Bestätigung des Patienten, ausreichend aufgeklärt zu sein, kann bei Verwendung solcher Standardformulare nach der Rechtsprechung unwirksam sein. Die Aufklärung selbst ist formlos wirksam; allein zu Beweiszwecken ist die Verwendung abstrakter Formulare zur Dokumentation der Einwilligung zu einer bestimmten Maßnahme und konkreter Formulare, die sich mit der Behandlung speziell befassen, sinnvoll.*

– dem hohen *Aufklärungsbedarf* des Patienten durch umfassende *therapeutische* Aufklärung

Rechnung tragen, d. h. nachhaltige und verständliche Informationen geben zu Art und Wirkungsweise der Medikation und der verkehrsmedizinischen Relevanz von Krankheit und Therapie,

– Detailinformationen geben zu Wirkungsweisen, Kontraindikationen, Neben- und Wechselwirkungen, Zeitpunkten der Einnahme,

– aktiv Fragen stellen zu Unverträglichkeiten und anderweitiger Einnahme von Medikamenten zur Einbeziehung von Unverträglichkeiten und Wechselwirkungen,

– auf bloße Hinweise auf den Beipackzettel und Standardfloskeln weitestgehend verzichten und das persönlich instruktive Gespräch mit dem Patienten suchen,

– auch den Umstand eines – seltenen – *Verzichts* auf die Aufklärung durch den Patienten *dokumentieren*,

– im Einzelfall Praxispersonal als *Zeugen* hinzuziehen und dokumentieren.

Die Dokumentation ist im Prozessfall durchaus verwertbar, obwohl sie von dem Arzt selbst vorgenommen wurde und daher dem Zweifel der Subjektivität und der Manipulation ausgesetzt ist. Sie muss aber zeitnah erstellt worden sein, sowie übersichtlich, vollständig und schlüssig. In einem solchen Fall kommt der Dokumentation auch Beweiswert zu. Das Gericht soll der Dokumentation Glauben schenken (BGH VersR 1978, 542).

## III Schweigepflicht

Der Arzt ist grundsätzlich kraft Berufes zur Verschwiegenheit verpflichtet. Die Verletzung dieser

Pflicht ist strafbar, § 203 StGB. Das gilt selbst dann, wenn der Arzt gegenüber einem anderen von Berufs wegen zur Verschwiegenheit Verpflichteten die der Schweigepflicht unterliegenden Geheimnisse offenbart, es sei denn, es handelt sich dabei um einen Konsiliararzt.

*Strafbarkeit*

Allerdings kann die grundsätzlich zu wahrende Schweigepflicht bei Abwägung *widerstreitender Pflichten und/oder Interessen* zurücktreten. Im *Einzelfall* muss der Arzt dann auch das *Straßenverkehrsamt* oder die *Polizeibehörde* benachrichtigen, um drohenden Schaden von Rechtsgütern anderer Verkehrsteilnehmer und von seinem Patienten abzuwenden.

*Interessen-konflikt*

1. Die Verletzung der Schweigepflicht ist immer nur die ultima ratio. Stellt der Arzt über das bloße Risiko (dann genügt die bloße Aufklärung) hinaus aber positiv die Beeinträchtigung der Fahreignung und ein erhebliches Risiko für Leib oder Leben des Patienten oder sonstiger Dritter fest, und hilft auch die Ermahnung des Patienten nicht – etwa weil der Patient auf Grund einer Indisposition zur intellektuellen Erfassung der Ermahnung nicht in der Lage ist (z.B. bei psychischen Erkrankungen), so darf (im Einzelfall *muss*) der Arzt einerseits den Patienten festhalten und auch den Schlüssel zum Fahrzeug wegnehmen.

*Bruch der Schweigepflicht bei Gefahr*

Er kann andererseits auch berechtigt sein, die Hilfe der Polizei hinzuzuziehen (s. o) und auch die Straßenverkehrsbehörde zu verständigen (BGH NJW 1968, 2288).

Bei einer erkannten ernsthaften Gefahr für Leib oder Leben wird der Arzt also handeln müssen.

*Güterabwägung*
*ex ante*

Die Strafbarkeit der Verletzung der Schweigepflicht richtet sich dann danach, ob der Irrtum des Arztes über die Umstände, die seine Annahme einer ernsten Gefahr rechtfertigten, vermeidbar waren. Die Bewertung erfolgt ex ante und aus der Sicht eines objektiven Dritten (medizinischer Standard).

Es bleibt für den Arzt die Schwierigkeit, überhaupt eine Güterabwägung vornehmen zu müssen, deren Ergebnis nichts anderes zum Gegenstand hat, als die Gewichtung der betroffenen Rechtsgüter zueinander in einer konkreten Situation.

Keinesfalls darf m. E. dem Arzt eine *Pflicht* zum Bruch der Schweigepflicht abverlangt werden, wie es Teile der Rechtsprechung aus dem Gesichtspunkt des „rechtfertigenden Notstands" gemäß § 34 StGB herleiten wollen (so OLG Frankfurt NJW 2000, 875). Denn nur eine restriktive Auslegung von § 34 StGB wird dem Erfordernis gerecht, dass das Schutzgut des allgemeinen Vertrauens in die Verschwiegenheit bestimmter Berufsgruppen (geschützt und bei Verletzung strafbewehrt gem. § 203 StGB) nicht verwässert wird.

*Der Arzt ist daher berechtigt, nicht aber verpflichtet, nach Vornahme einer gewissenhaften Güterabwägung unter Berücksichtigung der besonderen und konkreten Gefahrenlage, die Schweigepflicht zu brechen.*

*Kompetenz*
*durch verkehrs-*
*medizinische*
*Qualifikation*

Es wird immer dann nicht zu einer Strafbarkeit wegen der Verletzung der Schweigepflicht kommen, sofern der verantwortungsvolle und abwägende Arzt auf der Grundlage seines medizinischen (insbesondere verkehrsmedizinischen!) Wissens handelt. Dieses Wissen allerdings muss dem medizinischen Standard entsprechen.

2. Im Praxisalltag haben auch die *uneinsichtigen* Patienten eine große Bedeutung. Ein Berufskraftfahrer, aber auch ein sonst langjähriger Inhaber einer Fahrerlaubnis, mag überdies subjektiv überzeugt und durch Fahrerfahrung, Routine sowie geringe Unfallquoten in der Annahme bestärkt sein, nicht in der Fahreignung beeinträchtigt zu sein. Diese Einstellung wird ggf. sogar noch durch eine zielgerichtete Wunschvorstellung verstärkt werden, da mit Einschränkungen der Fahreignung auch der Verlust des Führerscheins und damit auch der Verlust der wirtschaftlichen Existenz droht.

*Der problematische Patient*

In diesen Fällen kann es unter Berücksichtigung der ärztlicherseits festgestellten Einschränkungen in der Fahreignung durchaus geboten und verpflichtend sein, zur Abwendung sonst konkret drohender *Gefahren für die Allgemeinheit und für den Patienten*, die Fahrerlaubnisbehörde zu benachrichtigen.

*Konfliktsituation im Praxisalltag*

Der Sachbearbeiter der Fahrerlaubnisbehörde, der durch das Verschweigen ihm unmittelbar bekannt gewordener oder durch den Arzt mitgeteilter Fahreignungsbedenken die Erteilung oder Nichtentziehung der Fahrerlaubnis bewirkt, kommt in solchen Fällen sogar als fahrlässiger Mitverursacher nach einem Unfall in Frage (BayVGH DAR 1952, 170).

Andererseits darf die Straßenverkehrsbehörde aber gegenüber dem Patienten *nicht anordnen*, dass dieser den behandelnden Arzt zum Zwecke der Aufklärung von Eignungszweifeln von der Schweigepflicht entbindet (OVG Koblenz NJW 1986, 2390).

Das Verbot der Anordnung steht der Bitte der Fahrerlaubnisbehörde und der Freiwilligkeit des Patienten, die Erklärung abzugeben, natürlich nicht ent-

*Fehlende*
*Mitwirkung*
*des Patienten*

gegen. Wirkt der Kraftfahrer allerdings trotz konkreter Anhaltspunkte für Einschränkungen der Fahreignung nicht mit, so kann in diesen Fällen die Straßenverkehrsbehörde die Beibringung eines amts- oder fachärztlichen oder medizinisch-psychologischen Gutachtens förmlich anordnen. Aus der fortwährend mangelnden Mitwirkung des betroffenen Patienten kann dann zulässig auf dessen Ungeeignetheit zu schließen sein. In diesen Fällen kann dann ohne weiteres die Fahrerlaubnis entzogen werden.

*Berufsordnung*

3. Einzelfragen zur Schweigepflicht, traditionell aus dem hippokratischen Eid resultierend (was ich bei der Behandlung oder außerhalb meiner Praxis im Umgang mit Menschen sehe und höre, das man nicht weiterreden darf, werde ich verschweigen und als Geheimnis bewahren), sind den Berufsordnungen zu entnehmen.

Für Hessen regelt die Berufsordnung die Schweigepflicht in § 9 (vgl. Berufsordnung für die Ärztinnen und Ärzte in Hessen vom 1.11.1998). Die meisten der Landesärztekammern stellen im Internet weitere Informationen in Form von Merkblättern zur Verfügung (vgl. *LÄK Hessen, www.laekh.de*).

## B Fahreignung – Eigenverantwortung und Überprüfung

Voraussetzung jedweder Teilnahme am motorisierten Straßenverkehr ist die Erteilung und – selbstverständlich – das zum Zeitpunkt der Teilnahme am Straßenverkehr unveränderte Vorliegen einer *Erlaubnis* der Fahrerlaubnisbehörde.

Die Erlaubnis ergeht als so genannter Verwaltungsakt und dokumentiert in Form des Führerscheins (nach Muster 1 der Anlage 8 zu § 25 FeV im Scheck-kartenformat) die bestehende Fahrerlaubnis nach Art und Umfang.

Die Führerscheinprüfung selbst verlangt den Nachweis theoretischer Kenntnisse und praktischer Fertigkeiten. Sie bestätigt die „Befähigung" zum Führen von Kraftfahrzeugen (§ 2 Abs. 5 StVG), nicht aber die „Eignung" im Sinne der Erfüllung der körperlichen und geistigen Anforderungen (siehe dazu § 2 Abs. 4 StVG).

## I Anlassbezogene Nachweispflicht der Eignung

Anlassbezogen hat der Kraftfahrer seine Eignung der Fahrerlaubnisbehörde nachzuweisen.

*Gesetzlich geregelte Anlässe zur Eignungs-überprüfung*

1. Die konkreten *Anlässe* zur medizinisch-psychologischen Untersuchung an einer Begutachtungsstelle für Fahreignung sind im Wesentlichen geregelt im

■ **Straßenverkehrsgesetz (StVG)**
   § 2 a (Fahrerlaubnis auf Probe)
   § 4 (Punktsystem)

sowie in der

■ **Fahrerlaubnis-Verordnung (FeV)**
   § 10 (Mindestalter)
   § 11 (Eignung)
   § 13 (Alkoholproblematik)
   § 14 (Betäubungs- und Arzneimittel)
   § 48 (Fahrgastbeförderung)
   in Verbindung mit den Anlagen 4 und 5.

2. Über die „Standardfälle" hinaus kann die Behörde aber in jedem *konkreten Einzelfall* auf der Grundlage des § 2 Abs. 8 StVG Eignungsbedenken äußern, die in einen Begutachtungsauftrag mün-

den. Nach den maßgeblichen Vorschriften der FeV (§ 11 Abs. 2 bis 4 FeV) kann ausschließlich im Rahmen dieses insoweit abschließenden (OVG Weimar DAR 1995, 80) Katalogs verlangt werden:

– *Ärztliches Gutachten* gemäß § 11 Abs. 2 FeV, sofern Tatsachen bekannt werden, die Bedenken gegen die körperliche oder geistige Eignung des Fahrerlaubnisbewerbers begründen und zwar zur Vorbereitung von Entscheidungen über die Erteilung oder Verlängerung der Fahrerlaubnis oder über die Anordnung von Beschränkungen oder Auflagen.

In § 11 Abs. 2 FeV wird beispielhaft („insbesondere") auf Erkrankungen bzw. Mängel nach Anlage 4 bzw. 5 der FeV hingewiesen.

– *Gutachten eines amtlich anerkannten Sachverständigen oder Prüfers für den Kfz-Verkehr* gemäß § 11 Abs. 4 FeV zur Klärung von Eignungszweifeln für die Zwecke nach § 11 Abs. 2 FeV, soweit nach Würdigung eines bereits vorliegenden Gutachtens nach Abs. 2 oder Abs. 3 ein solches (weiteres) Gutachten erforderlich ist oder zum Zwecke der Feststellung, ob bei Vorliegen der Behinderungen des Bewegungsapparates das sichere Führen von Fahrzeugen mit den erforderlichen besonderen technischen Hilfsmitteln möglich ist.

– *Gutachten einer amtlich anerkannten Begutachtungsstelle für Fahreignung* (medizinisch-psychologisches Gutachten) nach § 11 Abs. 3 FeV zur Klärung von Eignungszweifeln für die Zwecke nach Abs. 2, wenn nach Würdigung bereits vorliegender Gutachten gemäß Abs. 2 oder Abs. 4 ein solches medizinisch-psychologisches Gutachten zusätzlich erforderlich ist, oder

bei erheblichen Auffälligkeiten, die im Rahmen einer Fahrerlaubnisprüfung nach § 18 Abs. 3 FeV mitgeteilt worden sind,

oder

bei Straftaten, die im Zusammenhang mit dem Straßenverkehr oder im Zusammenhang mit der Kraftfahreignung stehen oder bei denen Anhaltspunkte für ein hohes Aggressionspotenzial bestehen,

oder

nach § 11 Abs. 3 FeV, wonach medizinisch-psychologische Begutachtungen auch nach § 2 a Abs. 4 und 5 sowie § 4 Abs. 10 Straßenverkehrsgesetz sowie § 10 Abs. 2, 13 und 14 FeV i. V. m. Anlagen 4 und 5 erfolgen können, also bei

- Fahrerlaubnis auf Probe
- im Zusammenhang mit dem Punktesystem in Flensburg
- Fahrerlaubnis vor Vollendung des 18. Lebensjahres
- Klärung etwaiger Alkohol- und Drogenprobleme (Missbrauch/Abhängigkeit nach §§ 13 und 14 FeV).

Zusammenfassend kann gesagt werden, dass die Anordnung der Begutachtung immer erfolgt bei

- konkreten, tatsächlichen Anhaltspunkten für Zweifel an der Fahreignung
- Ausfall anderer geeigneter Mittel zur Aufklärung
- Verhältnismäßigkeit des ausgewählten Mittels (BVerwG NJW 1990, 2637; NZV 1996, 467).

## II Gegenstand der Begutachtung

Von der Begutachtung umfasst sind ausnahmslos *Eigenschaften*, *Fähigkeiten* oder *Verhaltensweisen*, die für die Kraftfahreignung bedeutsam sind. Gegenstand der Begutachtung ist nicht generell die gesamte Persönlichkeit (Anlage 15 Nr. 1 b FeV). Dies ist auch bei Durchführung psychologischer Tests immer zu beachten.

Die *Begutachtungs-Leitlinien zur Kraftfahrereignung* unterscheiden grundsätzlich drei unterschiedliche Ausgangssituationen, namentlich

- wenn auf Grund von Erkrankungs- oder Verletzungsfolgen Teile der körperlichen und/oder geistigen Leistungsfähigkeit, die zum Führen eines Kraftfahrzeugs erforderlich sind, so stark eingeschränkt werden, dass ein stabiles Leistungsniveau zum Fahren nicht gewährleistet ist und dass unvorhergesehene Belastungssituationen nicht ausreichend sicher beherrscht werden können,

- wenn es auf Grund von Erkrankungen zu unvorhergesehenen Störungen oder zu einem plötzlichen Versagen der körperlichen oder geistigen Leistungsfähigkeit kommt, wie dies im Rahmen von epileptischen Anfällen, Schlaganfällen, massiven Blutzuckerschwankungen und anderen medizinischen Ursachen möglich ist, auch wenn solche plötzlichen Versagenszustände selten auftreten und in den freien Intervallen dazwischen die Fahreignung völlig uneingeschränkt ist,

- wenn in der Folge von Erkrankungen oder Verletzung mangelnde Einsicht in Gefahrensituationen und Risiken besteht, sicherheitswidrige Einstellungen oder Persönlichkeitsmängel vorliegen.

### III Behördliche Anordnung, Fragestellung und Auftrag

Der Gutachter (siehe vorstehend I 2) hat auf der Grundlage der konkreten, für die Fahreignung maßgeblichen und insbesondere Anlass bezogenen Problematik sein Gutachten zu erstellen.

Nur die von der Behörde formulierte Fragestellung ist damit Grundlage des Begutachtungsauftrags und verbindlicher Vertragsbestandteil mit dem Klienten.

Aus den im StVG und der FeV geregelten Tatbeständen ergeben sich regelmäßig folgende – den Gutachterauftrag eingrenzende und bestimmende – Fragestellungen:

1. § 2a Abs. 4 und 5 StVG: Auffälligkeiten in der Probezeit sowie § 4 Abs. 10 StVG: Neuerteilung nach Entziehung der Fahrerlaubnis wegen 18 Punkten

   *„Ist zu erwarten, dass Herr/Frau ... auch künftig gegen verkehrsrechtliche Bestimmungen verstoßen wird?"*

2. § 10 Abs. 2 FeV: Unterschreiten des Alters von 18 Jahren bei Erteilung der Klassen B, C1 und C1E im Rahmen der Ausbildung als Berufskraftfahrer(in)

   *„Erfüllt Herr/Frau ... bereits die körperlichen und geistigen Anforderungen an das Führen von Fahrzeugen der Klassen B, C1 oder C1E im Rahmen einer Ausbildung als Berufskraftfahrer(in)?"*

3. § 11 Abs. 3 Nr. 1 FeV: Erforderlichkeit eines medizinisch-psychologischen Gutachtens nach Würdigung eines ärztlichen Gutachtens

*„Kann Herr/Frau … trotz des Vorliegens einer Erkrankung (Krankheit nach Anlage 4 FeV), die nach Anlage 4 FeV die Fahreignung in Frage stellt und unter Berücksichtigung der in dem ärztlichen Gutachten vom … festgestellten Befunde ein Kraftfahrzeug der Gruppe 1/2 (FE-Klasse …) sicher führen?"*

Mögliche Ergänzungen:

1. *„Insbesondere ist zu prüfen, ob das Leistungsvermögen zum sicheren Führen eines Kraftfahrzeugs der Gruppe 1/2 (FE-Klasse …) ausreicht."*

2. *„Insbesondere ist zu prüfen, ob eine Kompensation der festgestellten Einschränkungen durch besondere persönliche Voraussetzungen (vgl. Anlage 4 FeV) möglich ist."*

4. § 11 Abs. 3 Nr. 2 FeV: Befreiung von den Vorschriften über das Mindestalter

   *„Hat Herr/Frau … bereits die Reife und einen Entwicklungsstand erreicht, bei dem er/sie die körperlichen und geistigen Anforderungen an das Führen von Fahrzeugen der Gruppe 1/2 (FE-Klasse …) erfüllt?*

5. § 11 Abs. 3 Nr. 3 FeV: Auffälligkeiten im Rahmen der Fahrerlaubnisprüfung

   *„Kann Herr/Frau … trotz der vom Sachverständigen oder Prüfer nach § 18 Abs. 3 FeV mitgeteilten Auffälligkeiten (…) ein Kraftfahrzeug der Gruppe 1/2 (FE-Klasse …) sicher führen?"*

6. § 11 Abs. 3 Nr. 4 FeV: Straftaten im Zusammenhang mit dem Straßenverkehr, der Fahreignung oder mit hohem Aggressionspotenzial

a) Bei Straftaten im Zusammenhang mit dem Straßenverkehr

*„Ist trotz der aktenkundigen Straftaten zu erwarten, dass Herr/Frau ... die körperlichen und geistigen Anforderungen an das sichere Führen eines Kraftfahrzeugs der Gruppe 1/2 (FE-Klasse ...) im Straßenverkehr erfüllt?"*

b) Bei Anhaltspunkten für ein hohes Aggressionspotenzial

*„Ist trotz der Anhaltspunkte für ein hohes Aggressionspotenzial (aktenkundige Straftaten) zu erwarten, dass Herr/Frau ... die körperlichen und geistigen Anforderungen an das sicherere Führen eines Kraftfahrzeugs der Gruppe 1/2 (FE-Klasse ...) im Straßenverkehr erfüllt?"*

c) Bei Straftaten im Zusammenhang mit der Fahreignung

*„Ist trotz der Eignungszweifel, die sich aus den aktenkundigen Straftaten ergeben (Grund für Eignungszweifel, z. B. „starke Alkoholisierung bei Diebstahldelikt" oder „Hinweise auf Beschaffungskriminalität"), zu erwarten, dass Herr/Frau ... die körperlichen und geistigen Anforderungen an das sichere Führen eines Kraftfahrzeugs der Gruppe 1/2 (FE-Klasse ...) im Straßenverkehr erfüllt?"*

*Insbesondere ist zu prüfen, ...* (um die zutreffende Fragestellung ergänzen, z. B. 8.: Alkoholmissbrauch)

7. § 11 Abs. 1 und 9 sowie § 48 Abs. 5 FeV: Besondere Anforderungen bei der Beförderung von Fahrgästen nach Anlage 15 FeV

*„Erfüllt Herr/Frau ... die körperlichen und geistigen Anforderungen und bietet er/sie Gewähr*

*dafür, dass er/sie in der Lage ist, die besondere Verantwortung für die Beförderung von Fahrgästen mit ... zu tragen?"*

8. § 13 Nr. 2 FeV

a) Alkoholmissbrauch

*„Ist zu erwarten, dass Herr/Frau ... auch künftig ein Kraftfahrzeug der Gruppe 1/2 (FE-Klasse ...) unter Alkoholeinfluss führen wird und/oder liegen psychofunktionale oder andere alkoholassoziierte Beeinträchtigungen vor, die das sichere Führen eines Kraftfahrzeugs der Gruppe 1/2 (FE-Klasse ...) in Frage stellen?"*

b) Klärung ob Alkoholmissbrauch nicht mehr besteht (§ 13 Nr. 2 e FeV)

*„Kann Herr/Frau ... trotz der Hinweise auf einen früher bestehenden Alkoholmissbrauch ein Kraftfahrzeug der Gruppe 1/2 (FE-Klasse ...) sicher führen? Ist insbesondere nicht (mehr) zu erwarten, dass er/sie ein Kraftfahrzeug unter dem Einfluss von Alkohol führen wird und/oder liegen psychofunktionale oder andere alkoholassoziierte Beeinträchtigungen vor, die das sichere Führen eines Kraftfahrzeugs der Gruppe 1/2 (FE-Klasse ...) in Frage stellen?"*

9. In Fällen der Auffälligkeit als Führer eines Fahrzeugs (z. B. Fahrrad), (§ 13 Nr. 2 i. v. m. § 3 Abs. 2 FeV)

*„Ist zu erwarten, dass Herr/Frau ... künftig (auch) ein Kraftfahrzeug unter Alkoholeinfluss führen wird und/oder liegen psychofunktionale Beeinträchtigungen vor, die das sichere Führen eines Kraftfahrzeugs der Gruppe 1/2 (FE-Klasse ...) in Frage stellen? Besteht eine Alkoholabhängigkeit?"*

*„Ist daneben oder anstelle dessen zu erwarten, dass Herr/Frau ... künftig ein Fahrzeug unter Alkoholeinfluss führen wird?"*

10. § 14 Abs. 1 FeV: Gelegentlicher Cannabiskonsum und zusätzliche Eignungszweifel

a) Bei Verstoß nach § 24 a StVG

*„Kann Herr/Frau ... trotz der Hinweise auf gelegentlichen Cannabiskonsum sowie der bekannten Verkehrsteilnahme unter Cannabiseinfluss ein Kraftfahrzeug der Gruppe 1/2 (FE-Klasse ...) sicher führen? Ist insbesondere nicht zu erwarten, dass er/sie auch künftig ein Kraftfahrzeug unter Einfluss von Betäubungsmitteln oder deren Nachwirkungen führen wird (Fähigkeit zum Trennen von Konsum und Verkehrsteilnahme)?"*

b) In den übrigen Fällen

*„Kann Herr/Frau ... trotz der Hinweise auf gelegentlichen Cannabiskonsum sowie zusätzlicher Zweifel an der Eignung (Gründe für Eignungszweifel analog der Begutachtungs-Leitlinien zur Kraftfahrereignung) ein Kraftfahrzeug der Gruppe 1/2 (FE-Klasse ...) sicher führen? Ist insbesondere nicht zu erwarten, dass er/sie ein Kraftfahrzeug unter Einfluss von Betäubungsmitteln oder deren Nachwirkungen führen wird (Fähigkeit zum Trennen von Konsum und Verkehrsteilnahme)?"*

11. § 14 Abs. 2 Nr. 1 FeV: Neuerteilung der Fahrerlaubnis nach Entziehung wegen Einnahme oder Abhängigkeit von Betäubungsmitteln

*„Kann Herr/Frau ... trotz der Hinweise auf Drogenmissbrauch ein Kraftfahrzeug der Gruppe 1/2*

*(FE-Klasse …) sicher führen? Ist insbesondere nicht zu erwarten, dass er/sie ein Kraftfahrzeug unter dem Einfluss von Betäubungsmitteln oder anderen psychoaktiven Stoffen oder deren Nachwirkungen führen wird?"*

oder

Neuerteilung der Fahrerlaubnis nach Entziehung wegen missbräuchlicher Einnahme von psychoaktiv wirkenden Arzneimitteln oder anderen Stoffen

*„Kann Herr/Frau … trotz der Hinweise auf Arzneimittelmissbrauch ein Kraftfahrzeug der Gruppe 1/2 (FE-Klasse …) sicher führen? Ist insbesondere nicht zu erwarten, dass er/sie ein Kraftfahrzeug unter dem unkontrollierten Einfluss von Arzneimitteln oder anderen psychoaktiven Stoffen führen wird?"*

oder

Neuerteilung der Fahrerlaubnis nach Entziehung wegen missbräuchlicher Einnahme von Betäubungsmitteln, psychoaktiv wirkenden Arzneimitteln und/oder anderen Stoffen

*„Kann Herr/Frau … trotz der Hinweise auf Drogen- und Arzneimittelmissbrauch ein Kraftfahrzeug der Gruppe 1/2 (FE-Klasse …) sicher führen? Ist insbesondere nicht zu erwarten, dass er/sie ein Kraftfahrzeug unter dem beeinträchtigenden Einfluss von Betäubungsmitteln, Medikamenten oder anderen psychoaktiven Stoffen oder deren Nachwirkungen führen wird?"*

12. § 14 Abs. 2 Nr. 2 FeV: Klärung, ob weiterhin Einnahme oder Abhängigkeit von den in Absatz 1 genannten Mitteln besteht

*„Kann Herr/Frau … trotz der Hinweise auf früheren Drogenmissbrauch ein Kraftfahrzeug der Gruppe 1/2 (FE-Klasse …) sicher führen? Ist insbesondere nicht (mehr) zu erwarten, dass er/sie ein Kraftfahrzeug unter dem Einfluss von Betäubungsmitteln oder anderen psychoaktiven Stoffen oder deren Nachwirkungen führen wird?"*

Ein Gutachten kann auf die Einhaltung der FeV überprüft werden, insbesondere sind auch die gutachterlichen Methoden justiziabel (BVerwG VRS 74, 156).

Insbesondere die Fahrerlaubnisbehörde ist verpflichtet, das Gutachten hinsichtlich der Einhaltung der Anforderungen von Anlage 15 zur FeV zu überprüfen, insbesondere im Hinblick auf *Nachvollziehbarkeit* und *Nachprüfbarkeit* des Gutachtens.

Verstöße gegen die Anforderungen gemäß Anlage 15 zur FeV können das Gutachten insgesamt unverwertbar machen.

# Kapitel 5
# Fahreignung im Praxis- und Klinikalltag

## A  Fahrerlaubnis-Verordnung (FeV) und Anlage 4 (zu den §§ 11, 13 und 14 FeV)

Nach der Rechtsprechung des Bundesgerichtshofs (siehe Kapitel 2) ist in der Diagnostik und Behandlung der Patienten die Möglichkeit einer potenziell reduzierten oder aufgehobenen Fahreignung zwingend abzuklären.

Dies setzt grundlegend voraus, dass der Arzt Kenntnisse über die Verkehrsrelevanz von Erkrankungen hat. Informationen zur verkehrsmedizinischen Bewertung der wichtigsten Krankheitsbilder sind in den *Begutachtungs-Leitlinien zur Kraftfahrereignung* zu finden.

*Verkehrs-medizinische Kenntnisse des Arztes*

Allerdings werden dort nicht alle Gesundheitsstörungen, die mit Leistungseinbußen einhergehen, berücksichtigt. Man denke nur an die Patienten, deren Leistungsfähigkeit beispielsweise durch Migräneattacken, eine schwere Grippe oder Asthmaanfälle deutlich eingeschränkt ist.

Die Ärzte, die nicht über genügende verkehrsmedizinische Kenntnisse verfügen, setzen sich damit selbst und den Patienten hohen Haftungsrisiken aus (siehe Kapitel 2).

*Fahreignung ist abzuklären*

Wichtig bleibt in jedem Fall, dass in der Diagnostik und Behandlung der kraftfahrenden Patienten an deren potenziell reduzierte oder aufgehobene Fahreignung gedacht, bzw. dieser Aspekt abgeklärt wird.

Das 1973 verabschiedete Gutachten „Krankheit und Kraftverkehr" des gemeinsamen Beirats für Verkehrsmedizin stellt eine wichtige Entscheidungshilfe für die ärztliche Bewertung von verkehrsmedizinisch relevanten Erkrankungen dar.

Die aktuell gültigen Begutachtungs-Leitlinien zur Kraftfahrereignung – als Zusammenführung der Begutachtungs-Leitlinien „Krankheit und Kraftverkehr" mit dem Psychologischen Gutachten „Kraftfahrereignung" – sind für die Ärzte eine unabdingbare Voraussetzung zur verkehrsmedizinischen Beratung ihrer Patienten.

Schematisiert und tabellarisch geordnet sind die wichtigsten verkehrsmedizinisch relevanten Gesundheitsstörungen und Mängel in der Anlage 4 der Fahrerlaubnis-Verordnung aufgelistet.

Zu erkennen ist jeweils der Bezug zur Eignung und zur bedingten Eignung zum Führen von Kraftfahrzeugen.

Es ist allerdings dringend darauf hinzuweisen, dass die bloße Kenntnis der Anlage 4 FeV eine spezifisch verkehrsmedizinische Ausbildung nicht ersetzen kann.

Die im Folgenden abgedruckte Anlage 4 zu § 11 FeV entspricht im Wesentlichen den Begutachtungs-Leitlinien zur Kraftfahrereignung.

**Anlage 4 FeV**
(zu den §§ 11, 13 und 14)
**Eignung und bedingte Eignung zum Führen von Kraftfahrzeugen**

| Krankheiten, Mängel | Eignung oder bedingte Eignung | | Beschränkungen/Auflagen bei bedingter Eignung | |
|---|---|---|---|---|
| | Klassen A, A1, B, BE, M, S, L, T | Klassen C, C1, CE, C1E, D, D1, DE, D1E, FzF | Klassen A, A1, B, BE, M, S, L, T | Klassen C, C1, CE, C1E, D, D1, DE, D1E, FzF |
| **1. Mangelndes Sehvermögen** siehe Anlage 6 | | | | |
| **2. Schwerhörigkeit und Gehörlosigkeit** 2.1 Hochgradige Schwerhörigkeit (Hörverlust von 60 % und mehr), beidseitig sowie Gehörlosigkeit, beidseitig | ja wenn nicht gleichzeitig andere schwerwiegende Mängel (z. B. Sehstörungen, Gleichgewichtsstörungen) | ja (bei C, C1, CE, C1E), sonst nein | – | vorherige Bewährung von 3 Jahren Fahrpraxis auf Kfz der Klasse B |
| 2.2 Gehörlosigkeit einseitig oder beidseitig oder hochgradige Schwerhörigkeit einseitig oder beidseitig | ja wenn nicht gleichzeitig andere schwerwiegende Mängel (z. B. Sehstörungen, Gleichgewichtsstörungen) | ja (bei C, C1, CE, C1E), sonst nein | – | wie 2.1 |
| 2.3 Störungen des Gleichgewichts (ständig oder anfallsweise auftretend) | nein | nein | – | – |
| **3. Bewegungsbehinderungen** | ja | ja | ggf. Beschränkung auf bestimmte Fahrzeugarten oder Fahrzeuge, ggf. mit besonderen technischen Vorrichtungen gemäß ärztlichem Gutachten, evtl. zusätzlich medizinisch-psychologisches Gutachten und/oder Gutachten eines amtlich anerkannten Sachverständigen oder Prüfers. Auflage: regelmäßige ärztliche Kontrolluntersuchungen; können entfallen, wenn Behinderung sich stabilisiert hat. | |

| Krankheiten, Mängel | Eignung oder bedingte Eignung | | Beschränkungen/Auflagen bei bedingter Eignung | |
|---|---|---|---|---|
| | Klassen A, A1, B, BE, M, S, L, T | Klassen C, C1, CE, C1E, D, D1, DE, D1E, FzF | Klassen A, A1, B, BE, M, S, L, T | Klassen C, C1, CE, C1E, D, D1, DE, D1E, FzF |
| **4. Herz- und Gefäß-krankheiten** | | | | |
| 4.1 Herzrhythmus-störungen mit anfalls-weiser Bewusstseins-trübung oder Bewusstlosigkeit | nein | nein | – | – |
| – nach erfolgreicher Behandlung durch Arzneimittel oder Herzschrittmacher | ja | ausnahmsweise ja | regelmäßige Kontrollen | regelmäßige Kontrollen |
| **4.2 Hypertonie (zu hoher Blutdruck)** | | | | |
| 4.2.1 Bei ständigem diastolischen Wert von über 130 mm Hg | nein | nein | – | – |
| 4.2.2 Bei ständigem diastolischen Wert von über 100 bis 130 mm Hg | ja | ja wenn keine anderen prog-nostisch erns-ten Symptome vorliegen | Nachunter-suchungen | Nachunter-suchungen |
| **4.3 Hypotonie (zu nied-riger Blutdruck)** | | | | |
| 4.3.1 In der Regel kein Krankheitswert | ja | ja | – | – |
| 4.3.2 Selteneres Auftre-ten von hypotoniebe-dingten, anfallsartigen Bewusstseinsstörungen | ja wenn durch Behandlung die Blutdruck-werte stabili-siert sind | ja wenn durch Behandlung die Blutdruck-werte stabili-siert sind | – | – |
| **4.4 Koronare Herz-krankheit (Herzinfarkt)** | | | | |
| 4.4.1 Nach erstem Herzinfarkt | ja bei kompli-kationslosem Verlauf | ausnahmsweise ja | – | Nachunter-suchung |

| Krankheiten, Mängel | Eignung oder bedingte Eignung | | Beschränkungen/Auflagen bei bedingter Eignung | |
|---|---|---|---|---|
| | Klassen A, A1, B, BE, M, S, L, T | Klassen C, C1, CE, C1E, D, D1, DE, D1E, FzF | Klassen A, A1, B, BE, M, S, L, T | Klassen C, C1, CE, C1E, D, D1, DE, D1E, FzF |
| 4.4.2 Nach zweitem Herzinfarkt | ja wenn keine Herzinsuffizienz oder gefährliche Rhythmusstörungen vorliegen | nein | Nachuntersuchung | – |
| 4.5 Herzleistungsschwäche durch angeborene oder erworbene Herzfehler oder sonstige Ursachen | | | | |
| 4.5.1 In Ruhe auftretend | nein | nein | – | – |
| 4.5.2 Bei gewöhnlichen Alltagsbelastungen und bei besonderen Belastungen | ja | nein | regelmäßige ärztliche Kontrolle, Nachuntersuchung in bestimmten Fristen, Beschränkung auf einen Fahrzeugtyp, Umkreis- und Tageszeitbeschränkung | – |
| 4.6 Periphere Gefäßerkrankungen | ja | ja | – | – |
| **5. Zuckerkrankheit** | | | | |
| 5.1 Neigung zu schweren Stoffwechselentgleisungen | nein | nein | – | – |
| 5.2 Bei erstmaliger Stoffwechselentgleisung oder neuer Einstellung | ja nach Einstellung | ja nach Einstellung | – | – |
| 5.3 Bei ausgeglichener Stoffwechsellage unter Therapie mit Diät oder oraler Antidiabetik | ja | ja ausnahmsweise, bei guter Stoffwechselführung ohne Unterzuckerung über etwa 3 Monate | – | Nachuntersuchung |

| Krankheiten, Mängel | Eignung oder bedingte Eignung | | Beschränkungen/Auflagen bei bedingter Eignung | |
|---|---|---|---|---|
| | Klassen A, A1, B, BE, M, S, L, T | Klassen C, C1, CE, C1E, D, D1, DE, D1E, FzF | Klassen A, A1, B, BE, M, S, L, T | Klassen C, C1, CE, C1E, D, D1, DE, D1E, FzF |
| 5.4 Mit Insulin behandelte Diabetiker | ja | wie 5.3 | – | regelmäßige Kontrollen |
| 5.5 Bei Komplikationen siehe auch Nummer 1, 4, 6 und 10 | | | | |
| **6. Krankheiten des Nervensystems** 6.1 Erkrankungen und Folgen von Verletzungen des Rückenmarks | ja abhängig von der Symptomatik | nein | bei fortschreitendem Verlauf Nachuntersuchungen | – |
| 6.2 Erkrankungen der neuromuskulären Peripherie | ja abhängig von der Symptomatik | nein | bei fortschreitendem Verlauf Nachuntersuchungen | – |
| 6.3 Parkinsonsche Krankheit | ja bei leichten Fällen und erfolgreicher Therapie | nein | Nachuntersuchungen in Abständen von 1, 2 und 4 Jahren | – |
| 6.4 Kreislaufabhängige Störungen der Hirntätigkeit | ja nach erfolgreicher Therapie und Abklingen des akuten Ereignisses ohne Rückfallgefahr | nein | Nachuntersuchungen in Abständen von 1, 2 und 4 Jahren | – |
| 6.5 Zustände nach Hirnverletzungen und Hirnoperationen, angeborene und frühkindlich erworbene Hirnschäden 6.5.1 Schädelhirnverletzungen oder Hirnoperationen ohne Substanzschäden | ja in der Regel nach 3 Monaten | ja in der Regel nach 3 Monaten | bei Rezidivgefahr nach Operationen von Hirnkrankheiten Nachuntersuchung | |

| Krankheiten, Mängel | Eignung oder bedingte Eignung | | Beschränkungen/Auflagen bei bedingter Eignung | |
|---|---|---|---|---|
| | Klassen A, A1, B, BE, M, S, L, T | Klassen C, C1, CE, C1E, D, D1, DE, D1E, FzF | Klassen A, A1, B, BE, M, S, L, T | Klassen C, C1, CE, C1E, D, D1, DE, D1E, FzF |
| 6.5.2 Substanzschäden durch Verletzungen oder Operationen | ja unter Berücksichtigung von Störungen der Motorik, chron.-hirnorganischer Psychosyndrome und hirnorganischer Wesensänderungen | | bei Rezidivgefahr nach Operationen von Hirnkrankheiten Nachuntersuchung | |
| 6.5.3 Angeborene und frühkindliche Hirnschäden siehe Nummer 6.5.2 | | | | |
| 6.6 Anfallsleiden | ausnahmsweise ja, wenn kein wesentliches Risiko von Anfallsrezidiven mehr besteht, z. B. 2 Jahre anfallsfrei | ausnahmsweise ja, wenn kein wesentliches Risiko von Anfallsrezidiven mehr besteht, z. B. 5 Jahre anfallsfrei ohne Therapie | Nachuntersuchungen in Abständen von 1, 2 und 4 Jahren | |
| **7. Psychische (geistige) Störungen** | | | | |
| 7.1 Organische Psychosen | | | | |
| 7.1.1 akut | nein | | – | |
| 7.1.2 nach Abklingen | ja abhängig von der Art und Prognose des Grundleidens, wenn bei positiver Beurteilung des Grundleidens keine Restsymptome und kein 7.2 | | in der Regel Nachuntersuchung | |
| 7.2 Chronische hirnorganische Psychosyndrome | | | | |
| 7.2.1 leicht | ja abhängig von Art und Schwere | ausnahmsweise ja | Nachuntersuchung | Nachuntersuchung |
| 7.2.2 schwer | nein | nein | – | – |

| Krankheiten, Mängel | Eignung oder bedingte Eignung | | Beschränkungen/Auflagen bei bedingter Eignung | |
|---|---|---|---|---|
| | Klassen A, A1, B, BE, M, S, L, T | Klassen C, C1, CE, C1E, D, D1, DE, D1E, FzF | Klassen A, A1, B, BE, M, S, L, T | Klassen C, C1, CE, C1E, D, D1, DE, D1E, FzF |
| 7.3 Schwere Altersdemenz und schwere Persönlickeitsveränderungen durch pathologische Alterungsprozesse | nein | nein | – | – |
| 7.4 Schwere Intelligenzstörungen/geistige Behinderung | | | | |
| 7.4.1 leicht | ja wenn keine Persönlichkeitsstörung | | – | – |
| 7.4.2 schwer | ausnahmsweise ja, wenn keine Persönlichkeitsstörung (Untersuchung der Persönlichkeitsstruktur und des individuellen Leistungsvermögens) | | – | – |
| 7.5 Affektive Psychosen | | | | |
| 7.5.1 bei allen Manien und sehr schweren Depressionen | nein | nein | – | – |
| 7.5.2 nach Abklingen der manischen Phase und der relevanten Symptome einer sehr schweren Depression | ja wenn nicht mit einem Wiederauftreten gerechnet werden muss, gegebenenfalls unter medikamentöser Behandlung | ja bei Symptomfreiheit | regelmäßige Kontrollen | regelmäßige Kontrollen |
| 7.5.3 bei mehreren manischen oder sehr schweren depressiven Phasen mit kurzen Intervallen | nein | nein | – | – |
| 7.5.4 nach Abklingen der Phasen | ja wenn Krankheitsaktivität geringer und mit einer Verlaufsform in der vorangegangenen Schwere nicht mehr gerechnet werden muss | nein | regelmäßige Kontrollen | – |

| Krankheiten, Mängel | Eignung oder bedingte Eignung | | Beschränkungen/Auflagen bei bedingter Eignung | |
|---|---|---|---|---|
| | Klassen A, A1, B, BE, M, S, L, T | Klassen C, C1, CE, C1E, D, D1, DE, D1E, FzF | Klassen A, A1, B, BE, M, S, L, T | Klassen C, C1, CE, C1E, D, D1, DE, D1E, FzF |
| 7.6 Schizophrene Psychosen | | | | |
| 7.6.1 akut | nein | nein | – | – |
| 7.6.2 nach Ablauf | ja wenn keine Störungen nachweisbar sind, die das Realitätsurteil erheblich beeinträchtigen | ausnahmsweise ja, nur unter besonders günstigen Umständen | – | – |
| 7.6.3 bei mehreren psychotischen Episoden | ja | ausnahmsweise ja, nur unter besonders günstigen Umständen | regelmäßige Kontrollen | regelmäßige Kontrollen |
| **8. Alkohol** | | | | |
| 8.1 Missbrauch (Das Führen von Kraftfahrzeugen und ein die Fahrsicherheit beeinträchtigender Alkoholkonsum kann nicht hinreichend sicher getrennt werden) | nein | nein | – | – |
| 8.2 nach Beendigung des Missbrauchs | ja wenn die Änderung des Trinkverhaltens gefestigt ist | ja wenn die Änderung des Trinkverhaltens gefestigt ist | – | – |
| 8.3 Abhängigkeit | nein | nein | – | – |
| 8.4 nach Abhängigkeit (Entwöhnungsbehandlung) | ja wenn Abhängigkeit nicht mehr besteht und in der Regel ein Jahr Abstinenz nachgewiesen ist | ja wenn Abhängigkeit nicht mehr besteht und in der Regel ein Jahr Abstinenz nachgewiesen ist | – | – |

| Krankheiten, Mängel | Eignung oder bedingte Eignung | | Beschränkungen/Auflagen bei bedingter Eignung | |
|---|---|---|---|---|
| | Klassen A, A1, B, BE, M, S, L, T | Klassen C, C1, CE, C1E, D, D1, DE, D1E, FzF | Klassen A, A1, B, BE, M, S, L, T | Klassen C, C1, CE, C1E, D, D1, DE, D1E, FzF |
| **9. Betäubungsmittel, andere psychoaktiv wirkende Stoffe und Arzneimittel** 9.1 Einnahme von Betäubungsmitteln im Sinne des Betäubungs-mittelgesetzes (aus-genommen Cannabis) | nein | nein | – | – |
| 9.2 Einnahme von Cannabis | nein | | – | – |
| 9.2.1 Regelmäßige Einnahme von Cannabis | nein | | – | – |
| 9.2.2 Gelegentliche Einnahme von Cannabis | ja wenn Trennung von Konsum und Fahren und kein zusätzlicher Gebrauch von Alkohol oder anderen psychoaktiv wirkenden Stoffen, keine Störung der Persönlichkeit, kein Kontroll-verlust | | – | – |
| 9.3 Abhängigkeit von Betäubungsmitteln im Sinne des Betäubungs-mittelgesetzes oder von anderen psychoaktiv wirkenden Stoffen | nein | nein | – | – |
| 9.4 Missbräuchliche Einnahme (regelmäßig übermäßiger Gebrauch) von psychoaktiv wirkenden Arznei-mitteln und anderen psychoaktiv wirkenden Stoffen | nein | nein | – | – |
| 9.5 nach Entgiftung und Entwöhnung | ja nach ein-jähriger Abstinenz | ja nach ein-jähriger Abstinenz | regelmäßige Kontrollen | regelmäßige Kontrollen |

| Krankheiten, Mängel | Eignung oder bedingte Eignung | | Beschränkungen/Auflagen bei bedingter Eignung | |
|---|---|---|---|---|
| | Klassen A, A1, B, BE, M, S, L, T | Klassen C, C1, CE, C1E, D, D1, DE, D1E, FzF | Klassen A, A1, B, BE, M, S, L, T | Klassen C, C1, CE, C1E, D, D1, DE, D1E, FzF |
| 9.6 Dauerbehandlung mit Arzneimitteln | | | | |
| 9.6.1 Vergiftung | nein | nein | – | – |
| 9.6.2 Beeinträchtigung der Leistungsfähigkeit zum Führen von Kraftfahrzeugen unter das erforderliche Maß | nein | nein | – | – |
| **10. Nierenerkrankungen** | | | | |
| 10.1 schwere Niereninsuffizienz mit erheblicher Beeinträchtigung | nein | nein | – | – |
| 10.2 Niereninsuffizienz in Dialysebehandlung | ja wenn keine Komplikationen oder Begleitekrankungen | ausnahmsweise ja | ständige ärztliche Betreuung und Kontrolle, Nachuntersuchung | |
| 10.3 erfolgreiche Nierentransplantation mit normaler Nierenfunktion | ja | ja | ärztliche Betreuung und Kontrolle, jährliche Nachuntersuchung | |
| 10.4 bei Komplikationen oder Begleiterkrankungen siehe auch Nummer 1, 4 und 5 | | | | |
| **11. Verschiedenes** 11.1 Organtransplantation Die Beurteilung richtet sich nach den Beurteilungsgrundsätzen zu den betroffenen Organen | | | | |

| Krankheiten, Mängel | Eignung oder bedingte Eignung | | Beschränkungen/Auflagen bei bedingter Eignung | |
|---|---|---|---|---|
| | Klassen A, A1, B, BE, M, S, L, T | Klassen C, C1, CE, C1E, D, D1, DE, D1E, FzF | Klassen A, A1, B, BE, M, S, L, T | Klassen C, C1, CE, C1E, D, D1, DE, D1E, FzF |
| 11.2 Lungen- und Bronchialerkrankungen | | | | |
| 11.2.1 unbehandelte Schlafapnoe mit ausgeprägter Vigilanzbeeinträchtigung | nein | nein | – | – |
| 11.2.2 behandelte Schlafapnoe | ja | ja | regelmäßige Kontrolle | regelmäßige Kontrolle |
| 11.2.3 sonstige schwere Erkrankungen mit schweren Rückwirkungen auf die Herz-Kreislauf-Dynamik | nein | nein | – | – |

# B Verkehrsmedizinisch relevante Erkrankungen in der Fahreignungsbewertung und deren Kompensation

## I Ganzheitliche Sichtweise

Da es in der Bewertung der Fahreignung von Menschen mit gesundheitlichen Problemen sinnvollerweise nur darum gehen kann, den Betroffenen ganzheitlich und unter Einbeziehung seiner Entwicklungspotenziale, Kompensationsmöglichkeiten und Risikofaktoren zu betrachten, ist neben einer gründlichen medizinischen Diagnostik, eventuell unter Einbeziehung der psychofunktionalen Leistungsmöglichkeit die Kenntnis der Persönlichkeit des Betreffenden unverzichtbare Voraussetzung.

Ergebnisse von ärztlichen Fahreignungsbegutachtungen sind nicht allein von medizinischen Sachverhalten abhängig, sondern auch von der Persönlichkeit des Kranken und seinen Kompensationsmöglichkeiten. Als Kompensationsmöglichkeiten werden dabei in der Fahrerlaubnis-Verordnung (Anlage 4) besondere menschliche Veranlagung, Gewöhnung, besondere Einstellung, besondere Verhaltenssteuerung und besondere Verhaltensumstellung genannt. Diese Aufzählung von kompensatorischem Verhalten ist sicherlich nicht abschließend. Für die Bewertung der individuellen Fahreignung spielen unter anderem das Wissen und Akzeptieren der aus der Erkrankung resultierenden Defizite eine Rolle. Das akzeptierende Wissen um bestehende Leistungseinbußen erlaubt den sicherheitsbewussten und risikovermeidenden Patienten, ein angemessenes Kompensationsverhalten zu etablieren. Die zuverlässige Fähigkeit, die eigenen krankheitsbedingten Risiken realistisch einzuschätzen und sich selbstkritisch auf

Leistungseinbußen einzustellen, ist ein wichtiger Aspekt, der neben den konkreten Folgen der Erkrankung auf die Verkehrsteilnahme zu klären ist. Zu kompensatorischem Verhalten gehören beispielsweise der Verzicht auf das Autofahren in bestimmten Befindlichkeiten oder bei ungünstigen Verkehrs- und Witterungsbedingungen, und generell die Möglichkeit, eine alternative – vom eigenen Auto unabhängige – Verkehrsteilnahme zu akzeptieren.

## II Kumulation von Eignungsmängeln

Dies vorausgeschickt ist selbstverständlich, dass der behandelnde Arzt selbst zunächst einen Überblick über die verkehrsmedizinische Relevanz der Erkrankungen seines Patienten gewinnen muss, um ihn unter Beachtung der Begutachtungs-Leitlinien zur Kraftfahrereignung zu informieren und zu beraten. *Multimorbidität* Als besonders komplex in der Bewertung erweisen sich dabei – nicht nur, aber auch – altersbedingte Beeinträchtigungen und Erkrankungen, die sich auf mehrere Organsysteme auswirken, oder Multimorbidität, sowie die Abschätzung des Risikos durch die medikamentöse Behandlung (kumulierte Auffälligkeit).

## 1 Medikamente

Die Beurteilung der Kraftfahreignung von Patienten, die unter medikamentöser Behandlung stehen, erfordert nicht nur die Kenntnis der spezifischen Nebenwirkungen der Medikation, sondern auch eine differenzierte Bewertung der Auswirkung der Arzneimittelwirkung auf das Krankheitsbild. Die Aufklärung sowie die adäquate Überwachung der Patienten reduzieren die Risiken im Hinblick auf die Fahrtauglichkeit.

Medikamente können einerseits das Krankheitsbild so weit bessern, dass durch sie die Fahreignung wiederhergestellt wird. Andererseits können Medikamente die Leistungsfähigkeit beispielsweise wegen ihrer zentral wirksamen Nebenwirkungen so schwer beeinträchtigen, dass sie die Fahreignung reduzieren oder aufheben. Häufig wird zur Bewertung der Medikamentenwirkung auf die Fahreignung neben der verkehrsmedizinischen Bewertung der Erkrankungen eine zusätzliche Überprüfung auf spezielle verkehrsrelevante Leistungsausfälle im Rahmen spezifisch verkehrspsychologischer Testverfahren notwendig sein.

*Protektive und risikosteigernde Wirkung*

Bei gleichzeitiger Verordnung mehrerer Medikamente steigt das Risiko unerwünschter Nebenwirkungen und unkontrollierter Wechselwirkungen zwischen den einzelnen Medikamenten. Zu beachten sind individuelle Unterschiede im Medikamenten-Metabolismus. Man denke beispielsweise an die veränderte Pharmakokinetik bei älteren Menschen mit eingeschränkter Nierenfunktion, mit der Folge einer unerwünscht hohen Wirkstoffkonzentration. Für den behandelnden Arzt stellt sich häufig ein Bewertungsproblem aus der Tatsache, dass er nicht die Gesamtheit der Medikamente kennt, die sein Patient von anderen Fachkollegen verordnet bekommen hat. Darüber hinaus stellt die Selbstmedikation der Patienten einen nicht zu unterschätzenden Risikofaktor dar.

Andererseits ist bei stabiler, bestimmungsmäßiger Medikamenteneinnahme (Erhaltungstherapie) von Toleranzeffekten auszugehen, so dass häufig die Fahreignung nicht negativ beeinflusst wird. Problematisch sind die Phasen im Behandlungsbeginn oder bei Absetzen der Medikation sowie bei Dosierungsumstellungen.

In der Bewertung der Fahreignung sind dabei die Medikamente mit Missbrauchs- und Abhängigkeitspotenzial als besonders problematisch zu einzustufen.

*Medikamente mit Suchtpotenzial*
Etwa 6 % aller häufig verordneten Arzneimittel besitzen ein eigenes Suchtpotenzial. Darunter fallen insbesondere die psychotropen Medikamente wie zum Beispiel die Tranquilizer vom Benzodiazepintyp, zentral wirksame Schmerzmittel sowie Psychopharmaka. Bei gesicherter Medikamentenabhängigkeit ist die Fahreignung nicht mehr gegeben. Nach einer Schätzung der DHS (Deutsche Hauptstelle für Suchtfragen) beläuft sich die Gesamtzahl der Medikamentenabhängigen auf 1,3 bis 1,4 Millionen, davon ca. 1,1 Millionen Abhängige von Benzodiazepinderivaten und 300 000 von anderen Arzneimitteln (Quelle: Glaeske, Psychotrope und andere Arzneimittel mit Missbrauchs- und Abhängigkeitspotenzial, Jahrbuch Sucht 2005, Neuland, 2004).

Nach den Begutachtungs-Leitlinien zur Kraftfahrereignung schließen medikamentöse Behandlungen, in deren Verlauf erhebliche unerwünschte Wirkungen wie Verlangsamung und Konzentrationsstörungen auftreten, die Eignung in jedem Fall aus. Das kann insbesondere bei den zentralwirksamen Arzneimittelgruppen wie Hypnotika und Sedativa, Psychopharmaka und starken Analgetika der Fall sein.

Die Liste der Medikamenten-Gruppen mit verkehrsrelevanten Nebenwirkungen ist lang. Neben den zentral wirksamen Arzneimittelgruppen seien beispielhaft und ohne Anspruch auf Vollständigkeit Antihypertonika, Antikoagulatien, Antitussiva, Ophthalmika, Antidiabetika, und Antihistaminika genannt.

Die folgende Tabelle gibt einen Überblick über die wichtigsten verkehrsrelevanten Nebenwirkungen von zentral wirksamen Arzneimitteln:

| Arzneimittel | Verkehrsrelevante Nebenwirkungen |
|---|---|
| **Hypnotika und Sedativa**<br>Barbiturate<br>Tranquilizer<br>z.B. Benzodiazepine | Schwere Beeinträchtigung der Fahrtüchtigkeit (Ärztliche Überwachungspflicht!)<br><br>Sedierung, Vigilanzstörungen, Schwindel, Ataxie, Hang over (Müdigkeit am nächsten Morgen), verminderte Konzentration, verlängerte Reaktionszeit, Gefahr von Kumulation (auch bezüglich anderer zentral wirksamer Substanzen einschließlich Alkohol) |
| **Psychopharmaka**<br>Neuroleptika<br><br><br><br><br>Antidepressiva | In Abhängigkeit von der Arzneistoffgruppe, der Dosierung, besonders bei Behandlungsbeginn: Sehstörungen, vegetative Symptome, Dyskinesien, Befindlichkeitsstörungen (Benommenheit), Hypotonie<br><br>z. B. tri- und tetrazyklische Antidepressiva, besonders zu Behandlungsbeginn Müdigkeit, Benommenheit, Schwindel |
| **Analgetika**<br>z. B. Opioide | Sedierung, dosisabhängig Atemdepression, kognitive Störungen, Störung der Aufmerksamkeit und Belastbarkeit, Stimmungsveränderung, Übelkeit, Schwindel |
| **Antiallergika**<br>Antihistaminika der 1. Generation | Sedierung besonders bei Behandlungsbeginn |
| **Antiparkinsonmittel** | Je nach Stoffgruppe, Präparat, Dosierung und Behandlungsdauer: Schlafstörungen, Müdigkeit, Nervosität, Schwindel, Kopfschmerzen. Eventuell Stimmungsveränderungen, Wahnvorstellungen, Unruhe und Gedächtnisstörungen, Verwirrtheitszustände Dyskinesien, „On-Off"-Phänomene |
| **Antiepileptika** | In Abhängigkeit von der Arzneistoffgruppe, der Dosierung, Sedierung, Müdigkeit, Sehstörungen, Koordinationsstörungen |

## 2 Alter

Nicht nur wegen des häufigeren Vorkommens von Erkrankungen, die mit dem Alterungsprozess verbunden sind und der damit einhergehenden häufigeren Einnahme von Medikamenten, verdient die Gruppe der älteren Patienten eine besondere Beachtung. Allerdings bringt ein höheres Lebensalter nicht stets Leistungseinbußen mit sich. Zudem sind immer individuelle, quantitative und qualitative Unterschiede auch in verschiedenen Lebensaltersstufen zu beobachten, so dass sich die Festlegung auf eine bestimmte Altersgrenze zur pauschalen Bejahung einer nur noch eingeschränkten Fahrtüchtigkeit oder gar Annahme des Wegfalls der Fahrtüchtigkeit verbietet.

*Alter als Verkehrsrisiko?*

Generell kann man aber davon ausgehen, dass sich die psychophysische Leistungsfähigkeit ab etwa dem 75. Lebensjahr verschlechtert. Im Hinblick auf die Fahrtüchtigkeit spielt dabei die Verminderung des Sehvermögens, vor allem eine Einschränkung des Dämmerungs- und Nachtsehens eine Rolle. Auch Wahrnehmungs-, Konzentrations- und Reaktionsfähigkeit können betroffen sein wie die Fähigkeit, in komplexen Situationen adäquat zu reagieren.

Die Beratung älterer Patienten im Hinblick auf den Zeitpunkt des Verzichts auf das Autofahren stellt sich damit als besonders komplexe und schwierige ärztliche Aufgabe dar. Wegen der mit dem Verzicht auf die individuelle Mobilität verbundenen Reduzierung der Unabhängigkeit – und damit der Lebensqualität – ist eine objektive Überprüfung der Leistungsfähigkeit durch verkehrsrelevante testpsychologische Untersuchungen ein Hilfsmittel, die Akzeptanz bei den Betroffenen zu erhöhen.

Neben altersbedingten psychophysischen Leistungseinbußen treten im höheren Lebensalter häufiger Erkrankungen auf, die die Leistungsfähigkeit zusätzlich einschränken oder aufheben können.

Häufige, potenziell sich kumulierende Leistungseinbußen und Erkrankungen im Alter sind insbesondere

– sinnesphysiologische Mängel

– Reduzierung der körperlichen Beweglichkeit

– Zuckerkrankheit und Bluthochdruck

– zerebrale Erkrankungen

– beginnende dementive und organische Persönlichkeitsveränderungen.

Insbesondere Persönlichkeitsveränderungen, die nicht selten auch von nahen Angehörigen – weil schleichend – nicht richtig eingeschätzt werden, können mit einer Schwächung der Selbstkritik und Selbstüberschätzung einhergehen. Dem Kranken fällt es schwer, die mit der Teilnahme am Straßenverkehr verbundenen Risiken realistisch einzuschätzen. Eine Überprüfung der psychofunktionalen Leistungsfähigkeit durch spezifische verkehrspsychologische Testverfahren wird in solchen Fällen für die ärztliche Beratung eine entscheidende Rolle spielen.

Vor dem Hintergrund der demographischen Entwicklung mit Zunahme des Anteils älterer aktiver Teilnehmer/innen am Straßenverkehr und des Stellenwertes der individuellen, an das eigene Auto gebundenen Mobilität, wird die Abklärung des Mobilitätsrisikos älterer Kraftfahrer sowie deren Aufklärung und Motivation zur kritischen Selbstüberprüfung in Zukunft eine sehr wichtige ärztliche Aufgabe sein.

### III Krankheitsbilder (exemplarisch)

Durch die Begutachtungs-Leitlinien zur Kraftfahrereignung und ihre Kommentierung* steht ein umfangreiches und ausdifferenziertes Instrumentarium zur Begutachtung von erkrankten Kraftfahrern zur Verfügung.

Daneben werden die aktuell publizierten Beurteilungskriterien* der Kraftfahrereignung weitere Transparenz in den Begutachtungsprozess von Alkohol- und Drogenproblematiken bringen.

Bewusst wurde hier auf die Darstellung dieser Problematik verzichtet, die jedoch im Sinne der Komorbidität oder als komplizierende Problematik Beachtung finden müssen.

Im Folgenden sind beispielhaft und tabellarisch einige häufige Krankheitsbilder aufgelistet mit Hinweisen zur Gefährdungspotenzierung und Risikominimierung.

---

* Beide Bücher sind im Kirschbaum Verlag Bonn erschienen. Weitere Infos unter www.kirschbaum.de

## 1 Herz- und Gefäßkrankheiten (Hypertonie)
(siehe auch 3.4.2 der Begutachtungs-Leitlinien zur Kraftfahrereignung und Kommentar)

| | |
|---|---|
| **Häufigkeit** | Ca. 20 % der Erwachsenen |
| | Prävalenz ist altersabhängig: ca. 50 % der über 65-Jährigen weist einen erhöhten Blutdruck auf |
| **Verkehrs-gefährdung** | Risikofaktor für Herzversagen, Schlaganfall, Nezthautblutungen in Abhängigkeit von der Höhe des diastolischen Blutdrucks |
| | (Bei ständigem diastolischen Blutdruck von >130 mm Hg: keine Fahreignung für Gruppe 1 und 2) |
| **Gefährdungs-potenzierung** | Bei (ständigen) diastolischen Werten >100 mm Hg und gestörter Nierenfunktion |
| | – mit starken Augenhintergrundveränderungen |
| | – nach Hirndurchblutungsstörungen |
| | – bei deutlicher Linkshypertrophie |
| | – bei ungenügender Krankheitseinsicht und/oder Compliance |
| **Risiko-minimierung** | Regelmäßige internistische Untersuchungen und Selbstkontrollen des Blutdrucks |
| | Zuverlässige Medikamenteneinnahme |
| | Angepasste Lebensführung mit Vermeidung zusätzlicher kardialer Risikofaktoren |
| | Regelmäßige ärztliche Kontrollen |
| **Kontrollen** | Individuell nach Gefährdungsgrad festzulegen |
| | Im Begutachtungsfall Dokumentation der Verkehrsbehörde vorlegen, Nachbegutachtungen in längstens 3 Jahren |
| **Sonstiges** | Beachtung eventueller Einschränkungen durch Antihypertensiva mit zentral dämpfender Wirkung |

## 2 Zuckerkrankheit (Diabetes mellitus)

(siehe auch 3.5 der Begutachtungs-Leitlinien zur Kraftfahrereignung und Kommentar)

| | |
|---|---|
| **Häufigkeit** | 5 % der Bevölkerung |
| **Verkehrs-gefährdung** | Vorwiegend durch Hypoglykämien bei insulinpflichtigen Diabetikern |
| **Gefährdungs-potenzierung** | Komplikationen der Grunderkrankung |
| | Gestörte Hypoglycämiewahrnehmung |
| | Ungenügende Krankheitseinsicht und/oder Compliance |
| | Komorbidität mit Medikamenteneinnahme |
| **Risiko-minimierung** | Regelmäßige Kontrollen der Stoffwechseleinstellung |
| | Adäquate Selbstanpassung der Therapie, Blutzuckerselbst-kontrollen ggf. auch aus Anlass vor Fahrten |
| | Schulung ggf. Wahrnehmungstraining |
| **Kontrollen** | Individuell nach Gefährdungsgrad festzulegen |
| | Im Begutachtungsfall Dokumentation der Verkehrsbehörde vorlegen, Nachbegutachtungen |
| **Sonstiges** | Besonders gefährdet sind Diabetiker, mit Hypoglykämien und plötzlicher Veränderung der Bewusstseinslage ohne Vorzeichen, so dass Gegenmaßnahmen nicht greifen können (Patienten mit gestörter Hypoglycämiewahrnehmung) |

## 3 Krankheiten des Nervensystems (Parkinsonsche Krankheit)
(siehe auch 3.9.3 der Begutachtungs-Leitlinien zur Kraftfahrereignung und Kommentar)

| | |
|---|---|
| **Häufigkeit** | In Deutschland wird die Zahl der Parkinsonkranken auf 150 000 bis 250 000 geschätzt |
| **Verkehrs-gefährdung** | Muskelsteifheit, Bewegungsarmut und Bewegungsunfähigkeit, Ruhezittern |
| | Psychische Veränderungen wie Depressionen, gelegentlich Denkstörungen mit Merk- und Konzentrationsfähigkeitseinbußen und Auffassungsstörungen |
| | Vermehrte Tagesschläfrigkeit |
| **Gefährdungs-potenzierung** | Komplikationen wie: |
| | Motorische Wirkungsschwankungen (fehlende Besserung nach L-Dopa Einnahme) |
| | Unvorhersehbare Wirkungssprünge (on/off Phasen) |
| | Nachlassende Wirkung (wearing off Phasen) |
| | Unvorhersehbare Bewegungserstarrung |
| | Gleichgewichtsstörungen |
| | Blutdruckregulationsstörungen |
| | Vermehrte Tagesschläfrigkeit |
| | Neuropsychiatrische Probleme |
| **Risiko-minimierung** | Gute Compliance bei regelmäßiger fachärztlicher Kontrolle: |
| | Nachweis der konsequenten Befolgung medikamentöser und eventuell nicht-medikamentöser Maßnahmen (Krankengymnastik) |
| | Individuelle Beachtung und Behandlung von Komplikationen |
| **Kontrollen** | Regelmäßige Kontrollen eventuell unter Einbezug psychophysischer Leistungsüberprüfung |
| **Sonstiges** | Die anderen extrapyramidalen Erkrankungen einschließlich zerebellarer Syndrome bedingen Überprüfungen der individuellen Leistungs- und Belastungsfähigkeit |

## 4 Krankheiten des Nervensystems (Kreislaufabhängige Störungen der Hirntätigkeit, Apoplex, TIA und PRIND)

(siehe auch 3.9.4 der Begutachtungs-Leitlinien zur Kraftfahrereignung und Kommentar)

| | |
|---|---|
| **Häufigkeit** | Lebenszeitprävalenz ca. 15 % mit altersabhängigem Anstieg |
| **Verkehrs-gefährdung** | Durch passagere cerebrale Durchblutungsstörungen oder als Folge umschriebener cerebraler Ischämien oder intracerebraler Blutungen |
| | Bewusstseinsstörungen, Sprachstörungen, Sehstörungen, Gesichtfeldausfälle, Lähmungen, zerebrale Leistungsminderungen |
| **Gefährdungs-potenzierung** | Herz-Kreislaufrisiken wie: Übergewicht, Hypertonie, Fettstoffwechselstörung mit Hypertriglyceridämie, HDL-Cholesterinerniedrigung, Hyperfibrinogenämie, Diabetes mellitus, absolute Arrhythmie bei Vorhofflimmern, Herzklappenerkrankungen, Herzwandaneurysma |
| | Mangelnde Compliance wie unangepasstes Verhalten (Lebensführung), resultierend aus mangelnder Krankheitseinsicht oder Persönlichkeitsproblematik |
| | Psychophysische Leistungsmängel |
| **Risiko-minimierung** | Konsequente Beherrschung kardiovaskulärer Risikofaktoren |
| | Ggf. Nachweis der erfolgreichen Behandlung von Bluthochdruck, Fettstoffwechselstörungen, Diabetes mellitus und Herzrhythmusstörungen |
| | Angepasste Lebensführung: Nikotinkarenz, ggf. Gewichtsreduktion, körperliche Aktivität |
| | Regelmäßige neurologische Kontrollen |
| **Kontrollen** | Prognostische Beurteilung nach Abschluss der Rehabilitationsbehandlung |
| | In der Regel Abklärung psycho-physischer Leistungsmängel notwendig |
| | Individuell angepasste Nachuntersuchungen |
| **Sonstiges** | Bei transitorisch-ischämischen Attacken (TIA) oder prolongiertem reversiblem ischämischen neurologischen Defiziten (PRIND) muss Rezidivgefahr ausgeschlossen werden |

## 5 Krankheiten des Nervensystems (Anfallsleiden und andere Anfälle mit akuter Beeinträchtigung der Motorik und/oder des Bewusstseins)

(siehe auch 3.9.6 der Begutachtungs-Leitlinien zur Kraftfahrereignung und Kommentar)

| | |
|---|---|
| **Häufigkeit** | Einmaliger Anfall tritt bei 5 % der Bevölkerung auf |
| | Es gibt ca. 800 000 Epilepsiekranke in Deutschland |
| **Verkehrs-gefährdung** | Durch Bewusstseinsveränderung und/oder plötzlichen Bewusstseinsverlust |
| **Gefährdungs-potenzierung** | Aus mangelnder Krankheitsakzeptanz oder Persönlichkeits-problematik resultierende mangelnde Compliance wie unangepasstes Verhalten (Medikamenteneinnahme, Lebensführung) |
| | Mangelnde Objektivierbarkeit von Anfallsrezidiven |
| **Risiko-minimierung** | Zuverlässige Medikamenteneinnahme (dokumentiert durch Serumspiegel) |
| | Kenntnis über anfallsprovozierende Faktoren |
| | Regelmäßige neurologische Kontrollen einschließlich EEG |
| | Angepasste Lebensführung |
| | Beachtung der Karenzzeiten gemäß der Begutachtungs-Leitlinien zur Kraftfahrereignung |
| **Kontrollen** | Nach Karenzzeiten und individuell nach Krankheitsvor-geschichte festzulegen |
| **Sonstiges** | Narkoleptische Reaktionen, affektive Tonusverluste, kardiovaskuläre Synkopen und psychogene Anfälle werden wegen der identischen Verkehrsgefährdung der Bewertung der Epilepsie gleichgesetzt |

## 6  Psychische Störungen (Dementive Erkrankungen)
(siehe auch 3.10.2 und 3.10.3 der Begutachtungs-Leitlinien zur Kraftfahrereignung und Kommentar)

| | |
|---|---|
| **Häufigkeit** | Prävalenz altersabhängig (verdoppelt sich nach dem 60. Lebensjahr ca. alle 5 Jahre) |
| | 1–2 % der 60- bis 70-Jährigen |
| | Ca. 1,2 Mio. Patienten mit fortschreitender Demenz in Deutschland; steigende Lebenserwartung bedingt Anstieg der Erkrankungszahlen |
| **Verkehrs-gefährdung** | Durch Beeinträchtigung von Gedächtnis, Sprache, Aufmerksamkeit, Persönlichkeit, visuell-räumlichen Fähigkeiten und Urteilsfähigkeit, Störung von abstraktem Denken, Erkennen und Wahrnehmen, Orientierung |
| **Gefährdungs-potenzierung** | Diagnostische Probleme in Anfangsphase oder leichteren Fällen, trotz klinischer Symptomatik bei guter „Fassade" |
| | Reduziertes  (subjektives) Urteilsvermögen im Hinblick auf Leistungsfähigkeit |
| | Perönlichkeitsveränderungen |
| **Risiko-minimierung** | Regelmäßige fachärztliche Kontrolle |
| | Psychofunktionale Leistungsüberprüfung |
| | Kritisch-stützendes Umfeld |
| **Kontrollen** | Mit Objektivierung der Symptomatik durch testpsychologische Untersuchung |
| **Sonstiges** | Die einzelnen klinischen Symptome können für sich allein genommen eine Verkehrsgefährdung bedeuten; die besondere Gefahrenlage ergibt sich aus der Kombination möglicher Einschränkungen und eventueller Schwankungen in der Befindlichkeit |

## 7 Psychische Störungen (Affektive Psychosen: Depressionen)
(siehe auch 3.10.4 der Begutachtungs-Leitlinien zur Kraftfahrereignung und Kommentar)

| | |
|---|---|
| **Häufigkeit** | 12,9 % Lebenszeitprävalenz (nach Wittichen et al., 1992) nach Schätzungen bis 17 % |
| **Verkehrsgefährdung** | Durch sehr schwere Depressionen mit depressiv-wahnhafter und/oder depressiv-stupuröser Symptomatik und/oder Suizidgefährdung |
| | Begleitende Symptome wie Konzentrationsstörungen, Verlangsamung des Denkens und Unentschlossenheit |
| **Gefährdungspotenzierung** | Bei Minderung der Entschluss- und Handlungsfähigkeit |
| | Komorbidität z. B. Substanzmissbrauch |
| | Unzureichende Wahrnehmung von Krankheitssymptomen bei Rezidiven |
| | Unzureichende Behandlungsmotivation |
| | Auswirkung der medikamentösen Behandlung auf die Leistungsfähigkeit |
| **Risikominimierung** | Regelmäßige fachärztliche Kontrolle bei guter Compliance |
| | Hinreichend lange Stabilisierung |
| | Kritische Selbstwahrnehmung besonders hinsichtlich der Frühwarnsymptome der Erkrankung |
| | Hinreichende Phasenprophylaxe |
| | Stabilisierendes soziales Umfeld |
| **Kontrollen** | Der Krankheitsvorgeschichte und dem Krankheitsverlauf angepasst, eventuell unter Einschluss testpsychologischer Untersuchungen |
| **Sonstiges** | Depressive Verstimmungen sind nur bei schwereren Krankheitsbildern verkehrsrelvant, dann aber insbesondere wegen der Suizidalität unter Benutzung des Pkw |

## 8 Psychische Störungen (Affektive Psychosen: Manien)
(siehe auch 3.10.4 der Begutachtungs-Leitlinien zur Kraftfahrereignung und Kommentar)

| | |
|---|---|
| **Häufigkeit** | 1–3 % Ersterkrankung im jüngeren Erwachsenenalter |
| **Verkehrs-gefährdung** | Durch die manischen Symptome gehobene, eventuell expansiv reizbare Stimmungslage, gesteigerte Aktivität und motorische Ruhelosigkeit, Ideenflucht, Ablenkbarkeit durch Außenreize, Gefühl von Gedankenrasen |
| | Unangemessenes Verhalten, eventuell mit Verlust sozialer Hemmungen |
| | Überhöhte Selbsteinschätzung bis Größenwahn |
| | Ablenkbarkeit, reduzierte Aufmerksamkeit |
| | Sprunghafte Pläne und Aktivitäten |
| | Tollkühnes, leichtsinniges Verhalten, ohne Risiken zu erkennen |
| | Gelegentlich Wahnsymptome |
| **Gefährdungs-potenzierung** | Begleitender Alkohol- oder BTM-Missbrauch |
| | Reduzierte oder fehlende Krankheitseinsicht |
| | Mangelnde soziale Einbettung |
| | Mangelnde oder fehlende Therapiemotivation |
| | Schnell wechselnde Phasen bei bipolarer Störung |
| **Risiko-minimierung** | Regelmäßige fachärztliche Kontrolle mit guter Compliance |
| | Gesicherte Phasenprophylaxe |
| | Kritisch-stützendes Umfeld |
| **Kontrollen** | Engmaschig, der Aktivität des Krankheitsverlaufs angepasst |
| **Sonstiges** | Unter allen psychiatrischen Krankheitsbildern hat die Manie entsprechend ihrer Symptome das höchste verkehrsrelevante Gefährdungspotenzial! |

## 9 Psychische Störungen (Schizophrenien)

(siehe auch 3.10.5 der Begutachtungs-Leitlinien zur Kraftfahrereignung und Kommentar)

| | |
|---|---|
| **Häufigkeit** | Prävalenz: 0,5–1 % der Bevölkerung<br>Haupterkrankungsalter zwischen Pubertät und dem 30. Lebensjahr |
| **Verkehrsgefährdung** | Wahnsymptomatik (z. B. Verfolgungs- oder Beziehungsideen)<br>Halluzinationen (z. B. akustische Halluzinationen mit erteilenden Befehlen)<br>Formale Denkstörungen mit Denkzerfahrenheit oder Gedankenabbruch<br>Psychomotorische Störungen<br>Kognitive Störungen<br>Antriebs- und Konzentrationsstörungen |
| **Gefährdungspotenzierung** | Reduzierte oder fehlende Krankheitseinsicht mit fehlender Therapiemotivation oder fehlende Akzeptanz der Neuroleptikatherapie<br>Psychiatrische Komorbidität z. B. Alkohol- oder BTM-Missbrauch oder Hirnschädigungen<br>Mangelnde soziale Einbettung |
| **Risikominimierung** | Regelmäßige fachärztliche Kontrolle mit guter Compliance<br>Konsequente Befolgung der individuellen medikamentösen Therapiemaßnahmen eventuell unter Einschluss sozio- und psychotherapeutischer Maßnahmen<br>Kenntnis der individuellen Früherkrankungssymptome<br>Stützendes soziales Umfeld<br>Angemessene Lebensführung |
| **Kontrollen** | Individuell gemäß dem Krankheitsbild und -verlauf<br>Wegen eventueller neuropsychologischer Störungen ist eine Überprüfung der psychofunktionalen Leistungsfähigkeit notwendig |
| **Sonstiges** | Wegen der häufig notwendigen Langzeitneuroleptikaprophylaxe ist einerseits deren stabilisierende Wirkung in die Bewertung einzubeziehen sowie andererseits deren potenzielle Auswirkung auf die Fahreignung |

## 10 Verstärkte Tagesmüdigkeit und/oder unwillkürliche Einschlafattacken bzw. verlängerte Schlafdauer (Hypersomnien)

| | |
|---|---|
| **Häufigkeit** | Müdigkeitsunfälle sind häufig! |
| | Ca. $1/3$ aller Autobahnunfälle mit Todesfolge sollen auf „Einschlafen am Steuer" zurückzuführen sein |
| | Schlaf-Apnoe-Syndrom: Prävalenz ca. 2–5% |
| | Narkolepsie: Prävalenz 0,03–0,06 % |
| **Verkehrs-gefährdung** | Sekundenschlaf am Steuer bei Übermüdung gesunder Fahrer |
| | Hypersomnien bei Erkrankungen |
| | Medikamentenfolge, Abhängigkeitsprobleme |
| | Schlafbezogene Atmungsstörung (Schlaf-Apnoe-Syndrom): Erhöhte Tagesschläfrigkeit, bei Leistungsminderung und Abgeschlagenheit |
| | Narkolepsie: imperative Schlafattacken, affektive Tonus-verluste, hypnagoge Halluzinationen |
| **Gefährdungs-potenzierung** | Risikogruppen von Kraftfahrern, wie Schichtarbeiter, Vielfahrer und Berufskraftfahrer |
| | Mangelnde Bereitschaft auf Müdigkeitssymptome zu reagieren |
| | Mangelndes Gefährdungs- und Krankheitsbewusstsein bei schlafbezogenen Erkrankungen |
| **Risiko-minimierung** | Selbstkritisches, problembwusstes Verhalten Betroffener (ggf. unter Einbeziehung therapeutischer Maßnahmen) |
| **Kontrollen** | Individuell nach Gefährdungsgrad festzulegen |
| | Ggf. sind spezifische Befundberichte (Schlaflabor) einzubeziehen |
| **Sonstiges** | Unbehandelte Narkolepsie schließt Fahreignung aus |

## Kapitel 6
# Eine Auswahl typischer Krankheitsbilder im Spiegel der Rechtsprechung

**Krankheitsbilder im Spiegel
der Rechtsprechung**
(unter Berücksichtigung des jeweils
gültigen Gutachtens „Krankheit und
Kraftverkehr" bzw. der „Begutachtungs-
Leitlinien zur Kraftfahrereignung")

**Bewusstseinsstörungen**

beim Führen eines Kraftfahrzeuges begründen bei einem Fahrerlaubnisinhaber so ernsthafte Zweifel an seiner Fahreignung, dass
die sofortige Vollziehung der Fahrerlaubnisentziehungsverfügung
angeordnet werden darf.

(Niedersächsisches OVG zfs 1993, 393)

*Nach einem nervenärztlichen Gutachten der Ärztin
für Neurologie und Psychiatrie bestanden akute
Gefahren für die Sicherheit des Straßenverkehrs
wegen des Risikos weiterer kollaptischer Zustände
in Form von anfallsartig auftretenden Bewusstseinsstörungen. Die Ursachen für diese wiederholten
Bewusstseinsstörungen konnten ärztlicherseits
nicht eindeutig geklärt werden. Dies gelang nicht
einmal durch so genannte EEG. Hier fanden sich*

*Anzeichen für eine eventuell erhöhte zerebrale Erregbarkeit nicht.*

Das OVG Niedersachsen hat die Auffassung vertreten – auf der Grundlage des damalig herangezogenen „Gutachten Krankheit und Kraftverkehr 1992" (dort gefordert anfallsfreie Zeit von zwei Jahren), dass die Fahrerlaubnis zu entziehen ist, sofern ein Fahrerlaubnisinhaber infolge von Schwächeanfällen, deren Ursachen sich nicht aufklären lassen, auffällig wird. Im Einklang mit der älteren Rechtsprechung des Bundesverwaltungsgerichts (vgl. BVerwG NJW 1965, 1098) rechtfertigen solche mehrere Bewusstseinsstörungen, deren Ursachen sich nicht aufklären lassen, die Annahme, dass derartige Vorfälle auch künftig und insbesondere unvorhergesehen eintreten können.

Das OVG hat insbesondere auch ausgeführt, dass die Gefahr für die Sicherheit des Straßenverkehrs auch darauf zurückzuführen sei, weil der Kraftfahrer nach dem Bericht des Polizeireviers auch nach der ihm bekannten Bewusstseinsstörung noch die Absicht hatte, mit seinem Pkw weiter zufahren. Die Eigenverantwortlichkeit des Kraftfahrers war daher durchaus von gewisser „Uneinsichtigkeit" geprägt, so dass selbst auf die von dem Fahrerlaubnisinhaber hingewiesenen beruflichen und wirtschaftlichen Einschränkungen, die mit einer Entziehung der Fahrerlaubnis verbunden sind, nichts an der Entscheidung ändern, weil nach ständiger Rechtsprechung die Belange der Straßenverkehrssicherheit vorrangig sind. Wirtschaftliche und berufliche Interessen müssen zurückstehen, wenn die Risiken für die Straßenverkehrssicherheit als ernsthaft eingeschätzt werden müssen.

**Bewusstseinsverlust**

kann ein Grund für die Entziehung der Fahrerlaubnis sein.

(OVG Schleswig DAR 1994, 40)

*Der Kraftfahrer litt an plötzlich auftretenden Bewusstseinstrübungen bis hin zu Bewusstseinsverlust. Innerhalb von 12 Monaten waren solche Ereignisse viermal aufgetreten. Für die weitere Zukunft können weitere Synkopen nicht ausgeschlossen werden, so dass die Straßenverkehrsbehörde die Fahrerlaubnis entzogen hat.*

Zwar reichen bloße Zweifel an der Eignung nicht aus; soweit der Kraftfahrer sich allerdings geweigert habe, eine zu Recht angeordnete Untersuchung vornehmen zu lassen, dann dürfe regelmäßig der Schluss auf fehlende Eignung gezogen werden. Es liegen auch konkrete tatsächliche Anhaltspunkte vor, die Bedenken gegen die Kraftfahreignung rechtfertigen. Die angeordnete Überprüfung sei auch geeignet und verhältnismäßig, um diese konkret aufgetauchten Eignungszweifel aufzuklären (so auch BVerwG NZV 1990, 165).

Ein solch begründeter Anlass ergebe sich aus Berichten des Krankenhauses, nach denen der Kraftfahrer dort wegen eines Schwächeanfalls mit Bewusstlosigkeit eingeliefert worden sei und sich im Laufe der stationären Behandlung im Krankenhaus Anhaltspunkte für schon früher erlittene Bewusstseinsverluste ergeben haben. Es bestand deshalb Anlass zu der Annahme, dass der Kraftfahrer – auf Grund welcher Ursachen auch immer – unter einer Mangeldurchblutung des Gehirns leide, die zu plötzlichen Bewusstseinsverlusten führen könne.

**Schlaganfall**

mit der Folge einer zeitweiligen, halbseitigen Lähmung und Störung des Sprachzentrums rechtfertigt auch bei einem erst 47-jährigen Patienten sowie Verbesserung dessen gesundheitlicher Situation nach therapeutischen Maßnahmen die Entziehung der Fahrerlaubnis.

(VG Braunschweig, Beschl. vom 4.4.2001; Az. 6 B 27/01)

*Der Kraftfahrer hatte im Wege des Verfahrens auf Erlass einer einstweiligen Anordnung gegen den Sofortvollzug der Entziehung der Fahrerlaubnis eingewandt, es sei erst der konkrete Heilerfolg abzuwarten; er sei nach Abschluss der Rehabilitation wieder voll hergestellt. Deshalb könne ihm die Fahrerlaubnisbehörde die Fahrerlaubnis nicht entziehen, zumal er während der laufenden Reha ohnehin kein Fahrzeug führe.*

Es besteht nach der zutreffenden – im Eilverfahren getroffenen – Entscheidung des Gerichts immer schon dann ein überwiegendes öffentliches Interesse an der sofortigen Vollziehung einer Entziehung der Fahrerlaubnis, wenn sich die an der Fahreignung bestehenden Zweifel so weit verdichtet haben, dass die ernste Besorgnis gerechtfertigt erscheint, er werde andere Verkehrsteilnehmer in ihrer körperlichen Unversehrtheit oder in ihrem Vermögen ernstlich gefährden, wenn er bis zur endgültigen gerichtlichen Entscheidung über die Rechtmäßigkeit der Entziehung weiterhin am motorisierten Straßenverkehr teilnimmt oder dies nicht ausgeschlossen ist.

Die Entziehung der Fahrerlaubnis ist daher als präventive Maßnahme zur Verkehrssicherheit rechtmäßig.

**Hohes Alter**

kann ein nahe liegender Eignungsmangel sein.

(VG des Saarlandes zfs 1994, 350)

*Der 81-jährige Kraftfahrer war der Verkehrspolizei durch unangemessen langsame Fahrweise – Verstoß gegen § 3 Abs. 2 StVO –, zu nahes Fahren an der Mittellinie – Verstoß gegen § 2 Abs. 2 StVO – und durch Missachtung der Anhalteversuche der Polizei – Verstoß gegen § 36 StVO – über eine längere Fahrstrecke aufgefallen. Die Fahrerlaubnisbehörde hatte daraufhin zum Zwecke der Überprüfung der Fahreignung zum Zwecke des Ausschlusses eines möglicherweise stärkeren altersbedingten Leistungsabbaus die Vorlage eines amtsärztlichen Gutachtens gefordert.*

Das OVG hat entschieden, dass die Anordnung rechtmäßig war und aus der Weigerung des Kraftfahrers, das geforderte amtsärztliche Gutachten beizubringen, auch auf die Nichteignung zu schließen ist mit der Folge, dass auch die Fahrerlaubnisentziehung rechtmäßig war. Die Auffälligkeit in der Fahrweise hat das Gericht als begründeten Eingangsverdacht angesehen in Bezug auf mögliche Eignungsmängel. Insoweit hatte die Straßenverkehrsbehörde berechtigten Anlass, diesen Eignungszweifeln auch nachzugehen und ein – dann abgelehntes – amtsärztliches Gutachten zu fordern. Das Gericht hat sich mit dem allgemeinen Persönlichkeitsrecht des Kraftfahrers auseinandergesetzt und insbesondere geprüft, ob mit der Anordnung eine unverhältnismäßige Grundrechtsbeschränkung verbunden ist.

Das Gericht hat die Auffassung vertreten, dass die Anforderung eines Gutachtens sich auf solche Mängel beziehen muss, die bei vernünftiger lebensnaher Einschätzung die ernsthafte Besorgnis begründen, dass der Betroffene sich als Führer eines Kraftfahrzeugs nicht verkehrsgerecht und umsichtig verhalten wird. Insoweit sei nicht bereits jeder Umstand, der auf die entfernt liegende Möglichkeit eines Eignungsmangels hindeute, ein hinreichender Grund für die Anforderung eines medizinisch-psychologischen Gutachtens. Vielmehr seien tatsächliche Feststellungen zu Grunde zu legen, die einen Eignungsmangel als nahe liegend erscheinen lassen.

Allein das hohe Alter und eine sehr vorsichtige Fahrweise bieten für sich genommen keinen Anhalt für begründete Zweifel an der uneingeschränkten Eignung. Dies gilt insbesondere dann, wenn der Kraftfahrer bislang verkehrsrechtlich in keiner Weise in Erscheinung getreten ist. Das Fahrverhalten im konkreten Falle und die spätere Weigerung zur Überprüfung war dann aber hinreichender Grund zur Anordnung der Beibringung eines amtsärztlichen Gutachtens.

**Alter**

allein rechtfertigt nicht die Entziehung der Fahrerlaubnis; die Gesamtpersönlichkeit des Kraftfahrers ist hinreichend zu würdigen.

(OVG Bremen DAR 1969, 54)

*Im konkreten Fall handelte es sich um einen 73 Jahre alten Kraftfahrer. Zwei verkehrsrechtliche Übertretungen innerhalb eines Jahres veranlassten die Straßenverkehrsbehörde zu prüfen, ob der Kraftfahrer trotz seines vorgerückten Alters noch zum Führen von Kraftfahrzeugen geeignet sei. Die eingeschalteten psychologischen Gutachter haben die Frage der Eignung verneint, nachdem funk-*

*tionspsychologische Untersuchungen und eine praktische Fahrprobe durchgeführt wurden.*

*Danach seien die Reaktions- und Koordinationsleistungen über die optische Wahrnehmungsleistung herabgesetzt. Das Ergebnis der praktischen Fahrbewegungsprüfung habe gezeigt, dass der Kraftfahrer trotz erheblicher Fahrpraxis und spezieller Vorbereitung auf die Prüfung nicht mehr in der Lage war, die altersbedingten Leistungsmängel voll zu kompensieren.*

Das Lebensalter, so das OVG, spiele zwar eine bedeutsame Rolle, rechtfertige allein aber nicht den Schluss auf das Fehlen seiner Eignung. Berücksichtigt werden müsse, dass der Kraftfahrer seit vielen Jahren als Kraftfahrer am ländlichen und am städtischen Straßenverkehr teilgenommen habe und bis auf zwei Vorfälle nicht in einer Weise aufgefallen sei, die irgendwelche Zweifel an seiner Eignung hätte begründen können. Die konkrete Verkehrssituation, die Grundlage einer Auffälligkeit im Straßenverkehr gewesen war, sei auch für andere Kraftfahrer aller Altersklassen schwierig zu meistern. Mögliche fehlende Aufmerksamkeit am Vorfallstag sei jedenfalls kein „typisches Altersversagen". Auch ein Rotlichtverstoß ist nicht alterstypisch.

Das Gutachten des medizinisch-psychologischen Instituts (heute Begutachtungsstelle für Fahreignung) sei nicht entscheidend, zumal die Mitteilung der Befunde der funktionspsychologischen Untersuchung recht allgemein gehalten sei. Entscheidend sei insgesamt der Eindruck bei der persönlichen Anhörung, nicht der Eindruck, der bei einer künstlich konstruierten Leistungssituation (Fahrprobe) erweckt worden sei. Denn eine Fahrprobe setze den Kraftfahrer vor eine völlig neuartige und überhöhte Anforderung, der er sich auf Grund seiner altersbedingten Umstellungserschwernis nur schwer anpassen kann, während es beim Führen des eigenen Kraftfahrzeugs dazu kommt, gewohnte und eingefahrene Manipulationen abzuspielen.

**Altersbedingte Fahruntüchtigkeit**

wegen Leistungsschwäche infolge Altersabbaus kann unter Umständen auch schon dann angenommen werden, wenn diese Mängel noch nicht zu Unfällen geführt haben und letztendlich erst auf Grund wissenschaftlicher Untersuchungsmethoden deutlich erkennbar wurden.

(BVerwG DAR 1975, 139)

**Hohes Alter**

ist für sich allein und auch bei Vorliegen eines Unfalls nicht per se geeignet, Zweifel an der Kraftfahreignung als gerechtfertigt erscheinen zu lassen.

(VG Gelsenkirchen zfs 1984, 191)

*Der Kraftfahrer verursachte einen Verkehrsunfall durch Vorfahrtsverletzung, so dass es zum Zusammenstoß mit dem Gegenverkehr kam. Der Anordnung, ein amtsärztliches Gutachten zur Frage der Kraftfahreignung vorzulegen, kam der Verkehrsteilnehmer nicht nach, so dass ihm die Fahrerlaubnis entzogen wurde. Zur Begründung wurde ausgeführt, dass sich aus Anlass des Unfalls erhebliche Zweifel an der Kraftfahreignung im Hinblick auf Orientierungs-, Wahrnehmungs- und Reaktionsvermögen ergeben hätten. Der Kraftfahrer war zum Zeitpunkt des Verkehrsunfalls 78 Jahre alt.*

Die Weigerung, ein Gutachten beizubringen, so das VG, sei im konkreten Fall nicht zur Begründung der

Entziehung der Fahrerlaubnis heranzuziehen, da die Voraussetzungen der Entziehung nicht vorlagen. Grundsätzlich sei fortgeschrittenes Alter für sich allein nicht als eignungsausschließende bzw. eignungseinschränkende Tatsache zu werten. Der Gesetzgeber nehme ein gewisses Risiko, das mit der Teilnahme älterer Kraftfahrer am motorisierten Straßenverkehr verbunden sei, dadurch in Kauf, dass er weder die Geltungsdauer der Fahrerlaubnis zeitlich befristet, noch periodische Eignungsuntersuchungen für ältere Menschen angeordnet habe.

Diese Entscheidung des Gesetzgebers sei weder durch Verwaltung noch durch Gerichte zu korrigieren etwa dergestalt, dass hohe Anforderungen an die Fahrtauglichkeit älterer Kraftfahrer gestellt würden, denen die älteren Kraftfahrer schlechthin nicht mehr entsprechen können. Nicht jeder geringfügige normale Altersabbau könne deshalb zum Anlass für die Entziehung der Fahrerlaubnis genommen werden. Der Altersabbau müsse vielmehr so weit fortgeschritten sein, dass er zu greifbaren Ausfallerscheinungen geführt habe.

Die Anordnung von Eignungsuntersuchungen bei älteren Kraftfahrzeugführern sei deshalb nur dann berechtigt, wenn im Einzelfall konkrete Anzeichen für einen altersmäßigen Leistungsabbau bestehen, der einen Grad erreicht habe, dass er durch die in der Regel bestehende jahrzehntelange Fahrpraxis nicht mehr ausgeglichen werden könne und infolge dessen das der Allgemeinheit nach dem Willen des Gesetzgebers zumutbare Gefährdungsrisiko übersteige. Als derartige Anzeichen werden naturgemäß insbesondere Verhaltensauffälligkeiten im Straßenverkehr in Betracht gezogen, wobei der Verursachung eines Verkehrsunfalls besonderes Gewicht beizumessen sei.

Ein Verkehrsunfall sei aber nicht in jedem Falle als Indiz für die Realisierung eines verkehrsgefährdenden Leistungsabbaus bei älteren Kraftfahrern zu bewerten. Insbesondere müsse berücksichtigt werden, dass der Kraftfahrer durch lange Fahrpraxis und Erfahrung kompensieren könne und möglicherweise noch nie straßenverkehrsrechtlich in Erscheinung getreten ist. Verkehrsauffälligkeit muss demgemäß ein spezifisches Merkmal einer altersmäßigen Leistungsminderung sein. Hieran fehle es, wenn der konkrete Verkehrsunfall in seiner Gesamtwürdigung in gleicher Weise auch durch einen jungen Kraftfahrzeugführer hätte verursacht werden können. Abgelenktheit bzw. unzureichende Aufmerksamkeit liege schlechterdings jeder fahrlässigen Vorfahrtsmissachtung zu Grunde. Hieraus allein könne man nicht auf die Möglichkeit schlechter Reaktions- bzw. Konzentrationsfähigkeit schließen, denn anderenfalls würde jeder Kraftfahrzeugführer bei einem entsprechenden Vorfahrtsverstoß nahe gelegt werden müssen/gezwungen werden müssen, sich einer Eignungsprüfung zu unterziehen.

Zusammenfassend müssen besondere Umstände hinzutreten, auf Grund derer einem objektiven Beobachter die Vorfahrtsmissachtung (Verkehrsverstoß) in besonderer Weise unerklärbar erscheint.

**Fortgeschrittenes Alter**
allein reicht nicht aus, um hieraus konkrete Anhaltspunkte für Eignungszweifel herzuleiten.
(VG des Saarlandes zfs 1999, 541)

Die Fahrerlaubnis ist nur dann zu entziehen, wenn sich jemand als ungeeignet zum Führen von Kraftfahrzeugen erweist oder auf Grund begründeter angeordneter Untersuchung dieser ohne ausreichenden Grund verweigert oder das angeordnete Gutachten nicht fristgerecht beibringt. Die Anordnung ist auch nur dann zu Recht erfolgt, wenn berechtigt und durch Tatsachen belegte Zweifel an der Kraftfahreignung des betroffenen Kraftfahrers bestehen und die angeordnete Begutachtung ein geeignetes unverhältnismäßiges Mittel zur Klärung des konkreten Eignungszweifels darstellt (BVerwG NJW 1997, 269 – zu § 15 b Abs. 2 StVZO a. F. ergangen).

Bei Kraftfahrern fortgeschrittenen Alters sind hinsichtlich der Anordnung eines Eignungsgutachtens nach § 46 Abs. 3, 11 Abs. 2 Satz 3 FeV die Voraussetzungen auch nach Maßgabe der Neuregelungen von StVG und FeV unverändert.

> **Hohes Alter**
>
> Allein aus dem hohen Alter ergeben sich keine hinreichenden konkreten Anhaltspunkte, die begründete Zweifel an der uneingeschränkten Kraftfahreignung rechtfertigen könnten.
>
> (VG des Saarlandes zfs 1999, 222)

*Der 90 Jahre alte Kraftfahrer hatte sich einer Anzeige eines Nachbarn auszusetzen, der das Fahrverhalten des Kraftfahrers beschrieben hatte mit angeblichen Fahrauffälligkeiten.*

Falsch ist nach dem VG die Auffassung, dass erfahrungsgemäß bei ab 80-jährigen Kraftfahrern eine generelle Eignung zum Führen von Kraftfahrzeugen nicht nur unterstellt werden könne und deshalb die Fahrerlaubnis allenfalls unter Auflagen zu belassen sei. Diese Einschränkung entbehre jeglicher gesetzlicher Grundlage. Es gebe auch keine tatsächlichen Feststellungen (im konkreten Fall) oder allgemeine wissenschaftliche Untersuchungen, dass eine Altersgrenze zu ziehen sei. Eine solche sei angesichts der Verallgemeinerung geradezu willkürlich.

Vielmehr bedürfe es auch bei älteren Verkehrsteilnehmern als Voraussetzung für eine Anordnung stets eines durch Tatsachen begründeten Verdachts mangelnder Kraftfahreignung. Bloßen Mutmaßungen müsse durch gebotene und auch ohne Weiteres zumutbare Ermittlungen nachgegangen werden, um sich auch unter Berücksichtigung der in Rede stehenden Schutzgüter eine hinreichende tatsächliche Grundlage in Bezug auf den im Raum stehenden Gefahrenverdacht zu verschaffen.

**Hohes Alter**

auch im Zusammenspiel mit einem Verkehrsunfall, in dessen Zusammenhang sich der Verkehrsteilnehmer uneinsichtig zeigt, reicht für eine Anordnung eines Gutachtens nicht aus. Auch die Anordnung einer Fahrprobe ist rechtswidrig, sofern nicht weitere Umstände – etwa unsichere Fahrweise – zu Tage getreten sind. Weist der Verkehrsteilnehmer seine körperliche Eignung durch ein amtsärztliches Attest nach, so reicht dies grundsätzlich aus.

(VG Arnsberg, Beschluss vom 29.2.2000; Az. 6 L 211/00)

**Fortgeschrittene zerebrale Arteriosklerose**

rechtfertigt die Annahme, dass der Kraftfahrer nicht in der Lage ist, den Erfordernissen des heutigen Straßenverkehrs mit seinen vielfältigen Anforderungen und den ständig wechselnden Verkehrssituationen, die von einem Kraftfahrer höchste Aufmerksamkeit und schnelles Reaktionsvermögen verlangen, gerecht zu werden.

(Hess VGH DAR 1964, 255)

*Im konkreten Fall litt der Kraftfahrer an einer fortgeschrittenen Zerebralsklerose mit ganz erheblichen Auffassungsschwierigkeiten, einer extremen Herabminderung der Selbstkritik, einer ethischen*

*Abstumpfung und einem Unvermögen, sich den verbindlichen Normen zu fügen. Diese Feststellungen beruhen auf einem Gutachten der medizinisch-psychologischen Untersuchungsstelle (jetzt Begutachtungsstelle für Fahreignung) sowie auf einem weiteren nervenfachärztlichen Obergutachten der Universitätsklinik für psychiatrische Krankheiten und Nervenkrankheiten.*

Das Gericht hat sich den gutachterlichen Ausführungen angeschlossen. Diese reichten aus, um Zweifel an der Fahreignung zu wecken. Der Gesundheitszustand mache es zum Schutze anderer Verkehrsteilnehmer erforderlich, den 73-jährigen Kraftfahrer nicht mehr am Straßenverkehr teilnehmen zu lassen. Er besitze nicht mehr die Übersicht und die Reaktionsfähigkeit, über die ein Kraftfahrer bei dem heutigen Straßenverkehr mit seinen vielfältigen Anforderungen verfügen müsse.

## Epileptisches Anfallsleiden

kann bei zureichender Würdigung der Gesamtumstände der Erkrankung zum Anlass genommen werden, einen hinreichenden Grund für berechtigte Zweifel an der gesundheitlichen Eignung zu bejahen.

(OVG des Saarlandes, zfs 1995, 157)

*Bei dem Kraftfahrer lag seit längerer Zeit ein Anfallsleiden vor. Er befand sich mindestens seit drei Jahren in Behandlung einer Fachärztin für Neurologie. Der Kraftfahrer hatte nunmehr einen Verkehrsunfall verursacht. Nach Zeugenaussagen zu dem Unfallhergang waren bei dem Kraftfahrer während des Unfallgeschehens und noch kurze Zeit danach deutliche Verhaltensauffälligkeiten festzustellen, die auf einen kurzzeitig vor dem Verkehrsunfall erlittenen epileptischen Anfall hindeuteten.*

*Der Kraftfahrer saß völlig verkrampft hinter dem Lenkrad, hatte Schaum vor dem Mund, die Augen waren verdreht und er blickte starr gegen den Himmel und war zudem nicht ansprechbar. Die Beifahrerin musste das Fahrzeug von der Beifahrerseite aus steuern, um eine Frontalkollision mit dem Gegenverkehr zu vermeiden.*

Der Kraftfahrer hatte dann die Vorlage des seitens der Straßenverkehrsbehörde geforderten amtsärztlichen Gutachtens verweigert, so dass ihm die Fahrerlaubnis zu Recht entzogen worden ist.

Das OVG hat bei der Entscheidung des Persönlichkeitsrechts und die Verhältnismäßigkeit für die Entziehung der Fahrerlaubnis berücksichtigt und bejaht, dass sich die Anforderung des Gutachtens auf solche Mängel zu beziehen hat, die bei vernünftiger lebensnaher Einschätzung die ernsthafte Besorgnis begründen, dass der Betroffene sich als Führer eines Kraftfahrzeugs nicht verkehrsgerecht und umsichtig verhalten wird. Außerdem sei nicht bereits jeder Umstand, der auf die entfernt liegende Möglichkeit eines Eignungsmangels hindeute, ein hinreichender Grund für die Anforderung eines medizinisch-psychologischen Gutachtens. Die im konkreten Fall vorliegenden tatsächlichen Feststellungen reichen allerdings aus, einen Eignungsmangel als nahe liegend erscheinen zu lassen.

**Epilepsie als körperlicher Mangel**

kann unter Berücksichtigung des herangezogenen „Gutachten des Gemeinsamen Beirats zur Verkehrsmedizin" Anlass geben, die Eignung zum Führen von Kraftfahrzeugen erst nach längerer anfallfreier Zeit unter bestimmten Voraussetzungen zu bejahen.

(OVG Lüneburg DAR 1988, 430)

*Der Kraftfahrer hatte schwere epileptische Anfälle
(Grand Mal Anfälle). Bereits seit dem siebten Lebensjahr litt der Kraftfahrer an Epilepsie. Dieser Anfall
zeigt sich unvermittelt und nach einer vorausgehen-
den Aura; es kommt dann bei einem solchen Anfall
unter Bewusstseinsverlust zum Hinstürzen und später zu klonischen Krämpfen der gesamten Körper-
muskulatur, häufig verbunden mit initialem, lautem
Schrei, Schaum vor dem Mund etc. Ein Kraftfahrer,
der zu derartigen Anfällen neigt, ist als ungeeignet
zum Führen von Kraftfahrzeugen anzusehen.*

Danach muss ein Epileptiker regelmäßig zwei Jahre
frei von epileptischen Reaktionen gewesen sein,
bevor eine nervenärztliche/neurologische Begutachtung und ggf. unter Hinziehung eines medizinisch-psychologischen Gutachtens über die Heilung
von dem Leiden der Epilepsie erfolgt. Dabei muss
das EEG in nachweisbaren größeren Abständen
(mindestens einem Jahr) frei sein von den für Epilepsie typischen Wellenformen; Ausnahmen bedürfen der eingehenden gutachterlichen Begründung.
In Fällen, bei denen der Verdacht besteht, dass
Anfälle an bestimmte Bedingungen geknüpft
waren, muss der Nachweis erbracht werden, dass
diese Bedingungen nicht mehr gegeben sind oder
das geeignete Provokationsmethoden weder zu
klinischen Manifestationen noch zu epileptischen
EEG-Phänomenen führen.

Bei Fahrerlaubnisinhabern, die dauernd mit Arzneimitteln behandelt werden, dürfen keine Intoxi-
kationen oder andere unerwünschte zentralnervöse
Nebenwirkungen erkennbar sein. Der Allgemeinheit sei nicht zuzumuten, dass bei diagnostischen
Unsicherheiten im Hinblick auf die Ursachen eines
Anfallgeschehens hohe Risiken für den Straßenverkehr entstehen.

**Epilepsie**

Epileptische Reaktionen beeinträchtigen nach dem in den Begutach-tungs-Leitlinien zu Kraftfahrereignung gesammelten verkehrsmedi-zinischen Erfahrungswissen die Fahreignung in so erheblichem Aus-maß, dass die hiervon betroffene Person in aller Regel nicht in der Lage ist, den gestellten Anforderungen zum Führen von Kraftfahr-zeugen gerecht zu werden. Dies gilt selbst dann, wenn solche Anfälle nur selten auftreten. Maßgeblich bleibt, dass sich diese Anfälle jederzeit unvorhersehbar und für den Kraftfahrer unab-wendbar wiederholen können, insbesondere dann, wenn die Anfallsprovokation von dem Erkrankten beeinflussbar sind – etwa Stresssituation, unregelmäßige Medikamenteneinnahme).

(VG Braunschweig, Beschluss vom 10.8.2000; Az. 6 B 375/00)

*Der Kraftfahrzeugführer hatte gegen die Entziehung der Fahrerlaubnis eingewandt, er neige zu Krampf-anfällen nur in Stresssituationen oder dann, wenn er Medikamente nicht regelmäßig einnehme. Da die Stresssituationen rein privater Natur gewesen und beendet seien und er Versäumnisse bei der Medika-menteneinnahme nun ausschließen könne, sei ihm die Fahrerlaubnis rechtswidrig entzogen worden.*

Die Voraussetzungen zum Führen von Kraftfahr-zeugen bleiben indes nach mehr als zwei epilep-tischen Anfällen bis zu einem Nachweis darüber ausgeschlossen, dass innerhalb eines ärztlich kon-trollierten Zeitraums von fünf Jahren ohne eine antiepileptische Behandlung ein weiterer Vorfall nicht aufgetreten ist.

Nach einem einmaligen Anfall im Erwachsenenalter ohne Hinweis auf eine beginnende Epilepsie oder eine andere hirnorganische Erkrankung ist eine anfallsfreie Zeit von zwei Jahren abzuwarten; die Wiedererlangung der Fahreignung ist an strenge und dem Einzelfall angepasste wiederholte Kontrolluntersuchung gebunden. Eine EEG-Untersuchung kann lediglich zur ergänzenden Betrachtung herangezogen werden; für die Beurteilung der Eignung sind solche Untersuchungen nicht allein maßgeblich. Nach der Entscheidung des Verwaltungsgerichts blieb es daher bei der Entziehung der Fahrerlaubnis.

### Epilepsie

setzt zur Bejahung der Eignung zum Führen von Kraftfahrzeugen der Klasse 3 eine mindestens dreijährige Anfallsfreiheit voraus sowie – wenn die in der Vergangenheit aufgetretenen Anfälle an bestimmte Bedingungen (etwa Alkoholgenuss) geknüpft waren – auch den Nachweis voraus, dass diese Bedingungen nicht mehr gegeben sind.

(OVG Koblenz zfs 1982, 255)

### Epilepsie

in Form so genannter „Jackson-Anfälle" führt jedenfalls dann zur Ungeeignetheit zum Führen von Kraftfahrzeugen, wenn seit dem letzten Anfall erst 1,5 Jahre verstrichen sind.

(OVG Bremen VRS 40, 36)

### Epilepsie

führt ohne Rücksicht auf die Häufigkeit der epileptischen Anfälle zur Notwendigkeit der Prüfung, ob der Führerschein entzogen werden muss.

(VG Kassel DMW 1967, 2285)

### Geistige Erkrankung

ist jedenfalls dann, wenn eine Krankheitsphase unvorhergesehen und plötzlich wieder auftreten kann und deshalb auch die Anordnung der Nachuntersuchung nach bestimmten Fristen keine Gewähr dafür bietet, dass der Kraftfahrer für seine Umgebung wieder einmal zur Gefahr werde, ein begründeter Anlass zur Entziehung der Fahrerlaubnis.

(BVerwG DAR 1957, 55)

*Der Kraftfahrer hatte sich wegen einer geistigen Erkrankung vorübergehend in stationärer Behandlung befunden.*

Die Gefahr für die Allgemeinheit könne auch nicht dadurch ausgeschaltet werden, dass die Fahrerlaubnis des Kraftfahrers auf einen Traktor beschränkt werde und zwar auch nicht nur zur ausnahmslosen Benutzung im landwirtschaftlichen Verkehr. Es lasse sich nämlich nicht vermeiden, dass der Kraftfahrer den Traktor beruflich auch zu Fahrten auf Landstraßen benutzen müsse und damit am öffentlichen Verkehr teilnehme. Erforderlichenfalls sei in einem späteren Zeitpunkt erneut zu überprüfen, ob sich der Gesundheitszustand/Geisteszustand soweit normalisiert habe, dass einem Antrag auf Erteilung der Fahrerlaubnis stattzugeben sei.

**Endogene paranoide-halluzinatorische Psychose**

rechtfertigt die Anordnung einer Eignungsuntersuchung, soweit der Kraftfahrer wegen einer solchen Erkrankung mit prozesshaftem Verlauf einer Behandlung bedurfte.

(OVG des Saarlandes zfs 2002, 309)

*Aus einem Bericht der Polizeibehörde war hervorgegangen, dass der Kraftfahrer unter einer endogenen paranoid-halluzinatorischen Psychose mit prozesshaftem Verlauf leiden solle. Die Straßenverkehrsbehörde hat den Kraftfahrer deshalb gebeten, sich einer amtsärztlichen Eignungsuntersuchung oder einer Untersuchung durch einen Facharzt mit verkehrsmedizinischer Qualifikation zu unterziehen.*

*Aus einem fachärztlichen Gutachten ergab sich ferner einerseits der Umstand der psychischen Erkrankung und andererseits die chronisch verlaufende endogene Psychose aus dem schizophrenen For-*

*menkreis mit einer ausgeprägten Störung der Affektivität und wahnhafte Symptome mit stationärer Behandlung.*

Nachdem sich der Kraftfahrer der Begutachtungsanordnung widersetzt hat, war die Entziehung der Fahrerlaubnis rechtmäßig, weil durch die Nichteignung eines Kraftfahrers begründete Gefahren für die Allgemeinheit dies notwendig machen. Aus der Art der körperlichen und geistigen Mängel ergebe sich, dass auch zukünftig zu befürchten sei, dass der Kraftfahrer ganz erhebliche Gefahren für den öffentlichen Straßenverkehr setzen werde. Insoweit überwiege das durch Sorge um Leben, Gesundheit und Vermögen anderer Verkehrsteilnehmer begründete, ganz herausragende Interesse der Allgemeinheit, ungeeignete Kraftfahrer vom Verkehr fernzuhalten,

**Hirnorganisches Psychosyndrom**

rechtfertigt die Vorlage eines fachärztlichen Gutachtens über die Art und Schwere dieser Erkrankung und ihrer Folgen für die Fahreignung.

(VGH Baden-Württemberg zfs 2002, 159)

**Endogene paranoid-halluzinatorische Psychose**

ist relevant hinsichtlich der Fahreignung; auch neben verkehrsrechtlich unerheblichen Verhaltensweisen, sofern auch eine krankheitsbedingt deutliche Beeinträchtigung der Konzentrationsfähigkeit und der Merkfähigkeit sowie eine Minderung der Steuerungsfähigkeit vorliegt.

(OVG des Saarlandes zfs 2002, 309)

**Hirnorganisches Psychosyndrom**

rechtfertigt die Entziehung der Fahrerlaubnis.

(VGH Baden-Württemberg NZV 2002, 248)

gegenüber dem sonst regelmäßig anzuerkennenden Bedürfnis des Einzelnen, die Fahrerlaubnis zu erhalten.

*Der Kraftfahrer litt unter einem hirnorganischen Psychosyndrom. Die Straßenverkehrsbehörde hatte die Vorlage eines positiven nervenärztlichen Gutachtens verlangt, das von dem Kraftfahrer nicht vorgelegt worden ist, so dass ihm die Fahrerlaubnis entzogen wurde.*

Die tatsächlichen Anhaltspunkte (hirnorganisches Psychosyndrom) reichen aus, um eine nervenfachärztliche Überprüfung zu rechtfertigen. Das Gericht hat ausdrücklich Anlage 4, Ziffer 7.2 zur FeV herangezogen, wonach sich die Frage der Fahreignung in Abhängigkeit von Art und Schwere eines hirnorganischen Psychosyndroms beantwortet.

Auf dieser Grundlage war die Anordnung der Beibringung eines fachärztlichen Gutachtens ein angemessenes Mittel (§ 36 Abs. 3 i. V. m. § 11 Abs. 2 FeV). Die Nichtbeibringung eines zu Recht geforderten Gutachtens lasse auf die fehlende Fahreignung schließen (§ 11 Abs. VIII FeV).

**Ausgeprägte Persönlichkeitsstörung**

begleitet von einer neurotischen Störung, Konflikte angemessen zu verarbeiten, gekennzeichnet durch ausgeprägte narzisstische Züge und einer von diesem Narzissmus geprägten Kränkbarkeit mit Neigungen zu depressiven oder auch wahnhaften Reaktionen, rechtfertigen die Anordnung der Beibringung eines Gutachtens zur Einräumung der sich hieraus ergebenden Eignungszweifel.

(VG Braunschweig, Beschl. vom 30.10.2001; Az. 6 B 210/01)

*Der Kraftfahrer war mehrfach und insbesondere auch im Zusammenhang mit dem Führen eines Kraftfahrzeugs im Straßenverkehr strafrechtlich in Erscheinung getreten.*

Angesichts der ersichtlichen strafrechtlichen Vorbelastung in Verbindung mit der im Leitsatz wiedergegebenen nervenärztlichen Stellungnahme ist die Anordnung der Beibringung eines Gutachtens und – bei Weigerung – die Entziehung der Fahrerlaubnis im überwiegenden öffentlichen Interesse geboten.

## Mängel des Sehvermögens

Nach der Verordnung zur Änderung der FeV und anderer straßenverkehrsrechtlicher Vorschriften (FeVÄndV) vom 7.8.2002 wurde neu die *anlassbezogene* Anordnung von augenärztlichen Gutachten auf Grund von den Fahrerlaubnisbehörden bekannt gewordenen Tatsachen geregelt, die Zweifel an einem zum Führen von Kraftfahrzeugen ausreichenden Sehvermögen begründen (§ 12 Abs. VIII FeV). Wenn Tatsachen bekannt werden, die auf andere, nicht in Anlage 6 FeV geregelte Beeinträchtigungen des Sehvermögens, namentlich auch ein gemindertes Dämmerungssehen oder eine erhöhte Blendempfindlichkeit hinweisen, ist es in diesen Fällen der Fahrerlaubnisbehörde möglich, ein augenärztliches Gutachten anzuordnen.

Geklärt werden muss, ob diese Beeinträchtigungen gegeben sind und so gestaltet sind, dass sie die Eignung tatsächlich ausschließen oder die Anordnung von Auflagen und Beschränkungen rechtfertigen. Denkbar sind solche Fälle etwa bei Anzeichen von Nachtblindheit. Kernpunkt ist das neue Konzept für die Anforderungen an die Überprüfung des Sehvermögens für Lkw-, Bus- und Taxifahrer in § 12 FeV i. V. m. Anlage 6 FeV.

Untersuchungen zur Erteilung und Verlängerung dieser Fahrerlaubnisse sind außer von Augenärzten auch von Arbeitsmedizinern und Betriebsärzten, Ärzten einer Beratungsstelle für Fahreignung sowie Amtsärzten vorzunehmen.

## Sonstige/beliebige Erkrankungen

können bei begründetem Verdacht auch auf Grund einer anonymen Anzeige die Rechtmäßigkeit einer Anordnung, die Fahreignung durch positives Gutachten nachzuweisen, begründen.

(OLG Schleswig VRS 64, 429)

> Auch dann, wenn sich ein begründeter Verdacht mangelnder Eignung zum Führen eines Kraftfahrzeugs nur aus Ermittlungen ergibt, die auf Grund einer anonymen Anzeige aufgestellt wurden, so steht dieser Umstand der Verwertung der so gewonnenen Erkenntnis im Fahrerlaubnis-Entziehungsverfahren nicht entgegen.

## Diabetes mellitus

rechtfertigt die Anordnung der Beibringung eines Gutachtens eines Arztes mit verkehrsmedizinischer Qualifikation, da nach den Begutachtungs-Leitlinien zur Kraftfahrereignung nur ausnahmsweise von Fahreignung auszugehen ist. Gutachten anderer Ärzte sind nicht zureichend. Nachbegutachtungen sind im Abstand von höchstens zwei Jahren erforderlich. Die Beibringung von Unterlagen über aktuelle Blutzuckerwerte reicht allein nicht aus.

(VG Braunschweig, Beschluss vom 25.9.2003; Az. 6 B 539/02)

> Der Kraftfahrer hatte nach Stoffwechselproblemen an einer Diabetikerschulung teilgenommen und ließ eine so genannte Neueinstellung vornehmen. In der Folgezeit legt er auf Anforderung des Straßenverkehrsamtes regelmäßig Bescheinigungen über Blutzuckerwerte (HB 1a-Werte) sowie Gutachten von Ärzten ohne verkehrsmedizinische Qualifikation vor.

Die Anordnung der Beibringung eines Gutachtens durch einen Gutachter mit verkehrsmedizinischer Qualifikation ist rechtmäßig. Bescheinigungen von Fachärzten ohne verkehrsmedizinische Qualifikation sind nicht zu akzeptieren.

**Sonstige Erkrankungen**

in Form der Magersucht (Anorexia nervosa) rechtfertigen die Annahme von Eignungszweifeln.

(VG Stade zfs 2003, 574)

Obwohl es sich nicht um eine in Anlage 4 oder 5 zu § 11 FeV genannte Erkrankung handelt, ist die Anordnung der Beibringung eines Gutachtens und die darauf erfolgte Entziehung der Fahrerlaubnis gerechtfertigt.

**Funktionseinbußen**

als – in fachorthopädischer Hinsicht – Folge von Behinderungen an der linken Hand und am linken Unterarm, die zu einer deutlich reduzierten Einsetzbarkeit der linken Hand in Gefahrensituationen führen, rechtfertigen die Anordnung einer Begutachtung.

(VGH Mannheim, Urteil vom 13.3.2001; Az.: 10 S 490/00)

*Der Kraftfahrer hatte gegen die Anordnung der Begutachtung und – nach Weigerung – gegen die Entziehung der Fahrerlaubnis vorgebracht, er sei bereits 16 Jahre lang in der DDR unfallfrei gefahren.*

Der VGH ist dem entgegen getreten und hat zutreffend darauf abgestellt, dass für die Kraftfahrereignung allein maßgeblich die heutigen – jeweils aktuellen – Anforderungen an die Verkehrssicherheit sind.

**Anonyme Hinweise als Grundlage der Entziehung**
reichen nur aus, wenn hinreichende konkrete Tatsachen vorliegen, um die Anordnung der Beibringung eines Gutachtens zu rechtfertigen.
(VG des Saarlandes zfs 2001, 95)

Anonyme Hinweise sind nicht geeignet, eine solche Anordnung zu rechtfertigen, da diesen kein eigener Erkenntniswert und keine Aussagekraft zukommen. Dies gilt auch dann, wenn in dem anonymen Hinweisschreiben behauptet wird, es bestehe Drogen- und Alkoholkonsum, Gewalttätigkeit, auffällige Fahrweise oder schwere gesundheitliche Beeinträchtigungen/schwerer Schlaganfall. Solche bloße Behauptungen können ebenso gut aus der Luft gegriffen wie wahr sein. Sie können auf bloßer Böswilligkeit beruhen.

Zwar ist die Straßenverkehrsbehörde im Rahmen der Gefahrenabwehr berechtigt und sogar verpflichtet, Hinweisen auf eine mögliche Nichteignung von Kraftfahrzeugführern sofort nachzugehen und nicht zu warten bis zu einer möglichen Verletzung der Rechtsgüter Dritter durch den betroffenen Kraftfahrer. Dies entbindet jedoch nicht von einer Verpflichtung, vor Anordnung unter Berücksichtigung des Persönlichkeitsrechtes und der Grundrechte mögliche und zumutbare Ermittlungen anzustellen, um die in Rede stehenden Behauptungen zu verifizieren bzw. zumindest schlüssig erscheinen zu lassen. Die ungeprüfte voll inhaltliche Übernahme des Inhalts einer anonymen Anzeige reicht insoweit nicht aus.

Nach dem Untersuchungsgrundsatz muss die Behörde zunächst den Sachverhalt von Amts wegen ermitteln und Art und Umfang der Ermittlungen selbst bestimmen. Anonyme Hinweise reichen nicht aus, zumal Aufklärungsmaßnahmen auch das Persönlichkeitsrecht tangieren (BVerfG zfs 1993, 285).

Nicht anonymisierten Mitteilungen von Nachbarn ist nachzugehen. Sie sind aber auf ihren Wahrheitsgehalt zu überprüfen. Behauptungen einer Privatperson dürfen ohne zumutbare weitere Ermittlungen in keinem Falle einfach übernommen werden (VG des Saarlandes zfs 1999, 222). Auch bei polizeilicher Protokollierung von Aussagen müssen weitere zumutbare Ermittlungen angestellt werden, um die in Rede stehenden Verkehrsauffälligkeiten zu verifizieren (VG des Saarlandes zfs 1999, 541).

## Beschränkungen, Auflagen, Kompensation von Eignungsmängeln

Jeder Verkehrsteilnehmer hat seinen auf die allgemeine Verkehrsfreiheit (Artikel 2 Abs. 1 GG) begründeten Anspruch auf die Erteilung der Fahrerlaubnis, wenn er bei aufkommenden ernstzunehmenden Bedenken beweisen kann, dass er die Eignungsmerkmale erfüllt.

Im Zweifel sind abgestufte Maßnahmen bei Fahrerlaubniserteilung und Entziehung anzuwenden etwa:

– Fahrzeugbezogene Beschränkungen laut Eintragung im Führerschein (z. B. Erteilung auf eine bestimmte Fahrzeugart, auf ein bestimmtes Fahrzeug mit besonderen und im Führerschein genau bezeichneten Einrichtungen vgl. Anlage 9 zur FeV)

– Personenbezogene Auflagen laut Eintragung im Führerschein (z. B. Benutzung eines Hörgerätes, einer Brille, Fahren innerhalb eines örtlich

begrenzten Bereichs, mit begrenzter Geschwin-
digkeit, Nachtfahrverbote)

− Auflagen ohne Eintragung im Führerschein, Mittel der Rehabilitation.

Von den „typischen Krankheiten und Mängeln" im
Sinne von Anlage 4 FeV sind zu unterscheiden jene
Mängel des so genannten „zweiten Eignungsmangels", wonach der Bewerber „nicht erheblich oder
nicht wiederholt gegen verkehrsrechtliche Vorschriften oder Strafgesetze verstoßen haben" darf.

Hier sind nicht die massenhaften Fälle der Ord-
nungswidrigkeiten gemeint. Für jene gelten die
Vorschriften über das Punktesystem (§ 4 StVG).
Betroffene Kraftfahrer werden hier speziell ver-
kehrserzieherisch und bei mangelndem Erfolg auch
repressiv (Entziehung § 4 Abs. 3 Satz 1 Nr. 3, Abs. 7
StVG) verfolgt.

Gemeint sind vielmehr schwere und verkehrsrelevante Verstöße in Form von Verkehrsstraftaten, bei
denen auf Grund der „Erheblichkeit" bzw. der
„mehrfachen" Auffälligkeit von Charaktermängeln
auszugehen ist.

Unter *Charakter* werden individuell vorgeprägte
Merkmale verstanden. Darunter fällt etwa die
Fähigkeit zu einer zuverlässigen Selbstbeobachtung, Selbstkontrolle sowie zur vorausschauenden
Planung des Verhaltens. Auch gefühlsmäßiges, labi-
les Handeln, situative Beeinflussbarkeit sowie Tole-
ranz und Aggressivität sind relevant, soweit sich
charakterliche Eigenschaften in verkehrsrelevanten
Verhaltensweisen äußern können, wie in aggressi-
ver oder defensiver Fahrweise oder in der Unfähig-
keit, Alkohol- und Drogenkonsum und anschließen-
des Kraftfahrzeugführen zu trennen.

Führen solche Eigenschaften zu erheblichen oder wiederholten Verstößen gegen Verkehrs- oder Strafgesetze, so kann ein verkehrssicherheitsrelevanter Charaktermangel angenommen werden, der die unbedingte Eignung ausschließt. Problematisch ist immer, ob und wie eine „positive Verhaltensprognose" gestellt werden kann. Wird mit überwiegender Wahrscheinlichkeit ein normkonformes Verhalten erreicht, so ist demnach bedingte Eignung möglich und geboten, anderenfalls kann die Entziehung der Fahrerlaubnis einen Verstoß gegen den Grundsatz der Verhältnismäßigkeit darstellen, der unzulässig in das Persönlichkeitsrecht des betroffenen Kraftfahrers eingreift (BVerwG NZV 1996, 127).

Dasselbe gilt bei der bedingten Eignung wegen körperlicher und geistiger Mängel. Statt einer Fahrerlaubnisentziehung wird die Fahrerlaubnis mit Beschränkungen und Auflagen erteilt werden müssen.

Durch Rehabilitationsmaßnahmen unterstützt, kann der Fahrerlaubnisinhaber etwa für die beruflichen Bereiche geeignet sein, für den Freizeitbereich jedoch nicht oder stark Rückfall gefährdet. Nach der FeV (Anlage 4 FeV) ist die Möglichkeit der Kompensation ein wichtiges Element zur Einschätzung der Fahreignung. Die Kompensation von körperlich-geistigen, in besonderen Fällen auch charakterlichen Mängeln ist möglich.

Die Kompensation wird insbesondere bei altersbedingten Problemen und der ansteigenden Altersstruktur der Bevölkerung von immer größerer Bedeutung. Kompensation ist möglich durch Erfahrung, Veranlagung, Gewöhnung, besondere seelisch-geistige Einstellungen, Befähigung auch zur intellektuellen Verhaltenssteuerung und Verhaltensumstellung. Entscheidend ist damit die Intelligenz zur Einsicht in Eignungsmängel und daraus zu folgenden angemessenen Reaktionen. Die charakterliche Zuverlässigkeit ist ebenfalls mit einzubeziehen.

Ob nun eine Verkehrsgefährdung anzunehmen ist, bedarf einer gründlichen Prüfung. Die Begutachtungs-Leitlinien zur Kraftfahrereignung – dort Kapitel 2.1 – definieren die Verkehrsgefährdung mit einer *„nahen, durch Tatsachen begründeten Wahrscheinlichkeit des Eintritts des Schädigungsereignisses"*.

Diese allgemeine Formulierung zeigt, dass für jeden einzelnen körperlich-geistigen Mangel konkret ein spezieller Maßstab für die Wahrscheinlichkeit des Schadeneintritts nach der jeweiligen Höhe des Risikos für die Verkehrssicherheit gefunden werden muss.

Bei dem einen körperlichen Mangel mit überschaubaren Risiken (Sehvermögen im Alter) ist ein Wahrscheinlichkeitsmaßstab wie die „nahe Wahrscheinlichkeit" eher vertretbar, um eine Gefahr als Grundlage für entsprechende vorbeugende Maßnahmen anzunehmen. Bei schwer übersehbaren Risiken (fehlende Grenzwerte bei Drogenkonsum) muss bereits eine geringe Wahrscheinlichkeit der vorbeugenden Gefahrenabwehrmaßnahme in Gang gesetzt werden dürfen, weil dringende Bedürfnisse der Verkehrssicherheit dies erfordern.

Eine Abstufung des Wahrscheinlichkeitsmaßstabes je nach Art des Mangels ist also bei der Einschätzung der Vertretbarkeit einer Kompensation von Eignungsmängeln durch Erteilung von Beschränkungen und Auflagen nötig. Schwierigkeiten bestehen immer bei kumulierten Auffälligkeiten, Alkoholproblemen, Drogenkonsum, intellektuellen Leistungsdefiziten, Straftaten, Verstößen gegen verkehrsrechtliche Vorschriften, Auffälligkeiten bei der Prüfung sowie bei der Prüfung der Fähigkeit zur Fahrgastbeförderung.

Auch für sich genommene, geringfügige Verkehrsordnungswidrigkeiten, wurden sie beharrlich und häufig begangen, könnten auf einen charakterlichen Mangel schließen lassen in Form der beharrlichen Missachtung der Rechtsordnung. Im Extremfall kann auch insoweit die Entziehung der Fahrerlaubnis wegen fehlender Eignung in charakterlicher Hinsicht gerechtfertigt sein (BVerwG NJW 1977, 1212 bei zahlreichen Parkverstößen).

Für die Auslegung des Begriffs des erheblichen Verstoßes gegen verkehrsrechtliche Vorschriften muss aber auch berücksichtigt werden, dass nach dem „Mehrfachtäter-Punktesystem" (§ 4 StVG) im Regelfall ohne Weiteres eine Entziehung der Fahrerlaubnis erfolgen soll, wenn zu Lasten des Kraftfahrers 18 Punkte oder mehr im Verkehrszentralregister in Flensburg eingetragen sind.

Nur in diesem Falle wird die mangelnde Eignung kraft Gesetzes vermutet (§ 4 Abs. 3 Satz 1 Nr. 3 StVG). Allerdings kann grundsätzlich jeder einzelne Verstoß allein eine eignungsausschließende Bedeutung haben.

Der wiederholten Begehung von Verstößen gegen verkehrsrechtliche Vorschriften oder Strafgesetze wird der – nur – einmalige, dafür aber erhebliche Verstoß gegen verkehrsrechtliche Vorschriften oder Strafgesetze gegenübergestellt.

Insoweit kann die Beibringung eines Gutachtens zur Beurteilung der Fahreignung auch dann angeordnet werden, wenn die Fahrerlaubnis zuvor nur wegen einer – erheblichen – Straftat (etwa vorsätzliche Gefährdung des Straßenverkehrs in Tateinheit mit Nötigung, §§ 315 c Abs. 1 Nr. 2, 240 StGB) entzogen worden war (VGH Baden-Württemberg zfs 2002, 103).

# Kapitel 7
# Anhang

## I KONDIAG – Eine Dienstleistung des TÜV Hessen/der TÜV SÜD Gruppe

### 1 Klarheit für erkrankte Fahrer

Ein Fall, der immer häufiger auftritt: Menschen, die an einer chronischen Erkrankung leiden, die ihre Eignung zum Führen von Kraftfahrzeugen beeinträchtigen oder aufheben könnte.

Bisher gab es für diese Menschen keine besondere Plattform, um sich ihre Fahrtüchtigkeit von Fachleuten im Zusammenwirken mit dem behandelnden Arzt verlässlich bestätigen zu lassen.

Nun gibt es für dieses Problem eine Lösung: Die **kon**siliar**diag**nostische Untersuchung KONDIAG bei den Medizinisch-Psychologischen Instituten des TÜV Hessen oder der TÜV SÜD Gruppe schafft Klarheit. Für die kranken Menschen selbst, für ihre Familie, für den behandelnden Arzt und auch für die anderen Verkehrsteilnehmer.

### 2 Die konsiliardiagnostische Plattform des Arztes

Im Praxisalltag sind Sie immer wieder mit Patienten konfrontiert, deren Fahreignung krankheitsbedingt reduziert oder aufgehoben ist:

*Erkrankungen mit Verkehrs-relevanz* Ihr Herzinfarktpatient, Ihr Patient bei dem ein Zuckerschock als Unfallauslöser in der Vorgeschichte bekannt ist, Ihre Schmerzpatienten, ältere Patienten mit beginnendem dementiellen Abbau, Patienten mit langjähriger Parkinsonerkrankung, Ihre Patienten mit einer endogenen Psychose haben sich die Frage zu stellen, ob und wann sie wieder fahren können. Hierbei hilft KONDIAG als konsiliardiagnostische Plattform für den Arzt.

### 3 Was leistet KONDIAG?

KONDIAG, die konsiliardiagnostische Beratung oder Begutachtung für erkrankte Kraftfahrer, bietet Ihnen und Ihren Patienten eine Hilfestellung in der Bewertung von fahreignungsrelevanten Erkrankungen und Verletzungen Ihrer Patienten.

Eine Untersuchung durch neutrale, objektive Verkehrsmediziner und Verkehrspsychologen bei den Medizinisch-Psychologischen Instituten des TÜV Hessen/der TÜV SÜD Gruppe ermöglicht die Abklärung und individuelle gutachterliche Bewertung der Mobilitätsrisiken und -chancen von Menschen mit verkehrsrelevanten Erkrankungen.

Die KONDIAG-Begutachtung beruht auf dem Gedanken der Selbstverantwortung des Patienten nach Maßgabe der Fahrerlaubnis-Verordnung (FeV) ohne erzwungene behördliche Anordnung und trägt damit zugleich dem besonderen Vertrauensverhältnis zwischen Ihnen, dem behandelnden Arzt und Ihrem Patienten Rechnung.

Voraussetzung für die KONDIAG-Begutachtung ist die Kenntnis der von Ihnen erhobenen anamnestischen Daten unter Einbeziehung aller weiteren relevanten ärztlichen Befunde.

Je nach Wunsch der Betroffenen kann eine mündliche Beratung vorgenommen werden oder eine schriftliche gutachterliche Aussage.

Zusätzlich zur verkehrsmedizinischen Bewertung, oder auch isoliert, können erfahrene Verkehrspsychologen die psychofunktionale Leistungsfähigkeit testen und bewerten und darüber hinaus besteht in besonderen Fällen die Möglichkeit einer praktischen Fahrprobe mit einem Verkehrspsychologen (Fahrverhaltensbeobachtung).

Selbstverständlich wird die Schweigepflicht beachtet, es erfolgt keine Meldung an die Verkehrsbehörde – alle Informationen werden streng vertraulich behandelt.                    *Schweigepflicht*

Mit der Information aus der KONDIAG-Begutachtung kann dem Betroffenen eine Hilfestellung gegeben werden, die sich auf seine Einstellungen, Verhaltensweisen und Potenziale positiv auswirkt.

Der Vorteil liegt dabei sowohl für Sie – dem behandelnden *Arzt* – als auch für den betroffenen *Patienten* auf der Hand:

Für Ihren *Patienten* schafft KONDIAG Sicherheit. Er erfährt, ob und inwieweit er trotz seiner Erkrankung in der Lage ist, sich selbst und das Fahrzeug sicher zu beherrschen. Sie als behandelnder *Arzt* können das Ergebnis der neutralen, konsiliardiagnostischen Untersuchung in Ihre weiteren Beratungs- und Behandlungsprozesse einbeziehen.

Gleichzeitig haben Sie damit nachgewiesen, dass Sie Ihrer *Aufklärungspflicht* nachgekommen sind.

Damit bietet die Dienstleistung Ihnen als Arzt und Ihren Patienten die nach der Rechtsprechung gebotene Absicherung.

## II Ist KONDIAG für Sie wirklich relevant?

1. Aus dem *Behandlungsvertrag* folgt zugleich die Pflicht zum Schutz vor Schäden.

Sobald Sie Kenntnis von der reduzierten oder aufgehobenen Fahreignung Ihres Patienten erlangt haben, müssen Sie ihn über alle notwendigen Verhaltensmaßnahmen im Zusammenhang mit der Diagnose bzw. Behandlung unterrichten.

Sofern Sie Anhaltspunkte für eine auch nur reduzierte Fahreignung haben, müssen Sie diesem Verdacht konkret nachgehen, obwohl Sie gar nicht wissen können, ob der Patient tatsächlich am – insbesondere auch motorisierten – Straßenverkehr teilnimmt.

Diese Situationsbeschreibung verdeutlicht zugleich ein typisches Problem: Was der Patient außerhalb der Behandlungsräume macht, bleibt Ihnen in der Regel verborgen.

Für jene Risiken, die sich aus dem nachvollziehbaren persönlichen Interesse Ihres Patienten an der Aufrechterhaltung seiner individuellen und damit privaten Mobilität ergeben, wollen Sie indes nicht haften.

Nach der Rechtsprechung haften Sie aber bei Verletzung der *Aufklärungspflicht* (s. o).

Die Pflicht wirkt haftungsrechtlich sogar weiter, auch zu Gunsten anderer Verkehrsteilnehmer. Soweit Ihr Patient nach einem Verkehrsunfall diesen zum Schadensersatz verpflichtet ist, kommt eine hierfür mitursächliche Verletzung Ihrer Schutzpflicht auch insoweit und zu Ihren Lasten zum Tragen (*Laufs/Uhlenbruck* in: Handbuch des Arztrechts, § 62 und § 150).

2. Das Dilemma ist evident. Zwar schulden Sie Ihrem Patienten keinen konkreten Heilungserfolg. Sie sind auch nicht in der Lage und nicht willens, ständig die *Sach- und Risikoverwaltung* für Ihren Patienten im Hinblick auf dessen Versicherungsschutz und im Hinblick auf durch Ihren Patienten verletzte Rechtsgüter Dritter auszuüben.

Trotzdem verlangt die Rechtsprechung, dass Sie Ihren Patienten auch bei nur eingeschränkter Fahreignung aufklären, warnen und nötigenfalls auch sicherstellen, dass er nicht am Straßenverkehr teilnimmt.

*Pflicht zur Aufklärung*

Die Einhaltung dieser Pflicht haben Sie im Haftungsfall nachzuweisen.

Schon wegen des hohen emotionalen Stellenwertes der Fahrerlaubnis stellt häufig die Beratung von Patienten mit verkehrsrelevanten Erkrankungen an Sie als den behandelnden Arzt besondere Anforderungen.

Besonders schwierig – und auch zeitaufwendig – gestaltet sich aber auch der notwendige Beratungsprozess bei *Patienten mit Akzeptanzproblemen*, die entweder aus der Persönlichkeitsstruktur resultieren oder sich als Folge der Erkrankung selbst darstellen.

Dabei sind Sie als Arzt in der Beratung immer in einer Doppelrolle: einerseits müssen Sie alle Verkehrsteilnehmer vor ungeeigneten Kraftfahrern schützen, andererseits müssen die individuellen Mobilitätschancen Ihres Patienten erhalten werden. Zum Beispiel durch geeignete Kontrolluntersuchungen und Therapieformen oder Eröffnen durch Definieren von Auflagen oder Beschränkungen.

*Verkehrs-*
*medizinische*
*Qualifikation*

Schließlich müssen Sie über spezifisch verkehrsmedizinische Kenntnisse verfügen (diese unter Beachtung sowohl der Begutachtungs-Leitlinien zur
Kraftfahrereignung als auch der Vorgaben der
komplexen Fahrerlaubnis-Verordnung).

Können Sie diese nicht nachweisen, so setzen
Sie sich und Ihre Patienten nach der Rechtsprechung des Bundesgerichtshofs hohen *Haftungs-*
*risiken* aus.

### III Die Überprüfung der Fahreignung außerhalb des behördlichen Zwangs

Die Entziehung der Fahrerlaubnis durch behörd-
lichen Zwang ist letztlich die Anlass bezogene Reaktion der Verwaltungsbehörde – etwa nach einem
Unfall oder sonstiger Auffälligkeit, d. h. nach dem
Eintritt eines verkehrsrelevanten Problems.

Sie trifft den Kraftfahrer nahezu unvermittelt mit
weit reichenden und insbesondere auch wirtschaftlichen Konsequenzen.

Nicht nur der Berufskraftfahrer erfährt dann dra-
matische Einbußen in seiner Mobilität.

Demgegenüber kann der Arzt als wichtiger
Bestandteil der *Prävention* eine verantwortungs-
bewusste Beratung im Vorfeld zur Vermeidung
eines Schadensereignisses vornehmen.

Diese Beratung dient also dem Ziel der Erhöhung
der Verkehrssicherheit. Zusätzlich soll sie dem
Betroffenen Sicherheit verschaffen. Sie ist ein Hilfs-
mittel für den Erkrankten zur Feststellung, ob er die
Anforderungen im Rahmen der ihm obliegenden
Verantwortung erfüllt.

## IV Wie kann der Arzt den Patienten davon überzeugen, KONDIAG in Anspruch zu nehmen?

In vielen Fällen werden Ihre einsichtigen Patienten Ihre verkehrsmedizinische Beratung akzeptieren und sich verantwortungsvoll verhalten. Dabei kann sanfter kompetenter Druck die Bereitschaft erhöhen, zu erkennen, dass es bei Einschaltung der Straßenverkehrsbehörde nach einem Unfall oder durch konkrete Anzeige Dritter zu spät sein kann.

Dann nämlich folgt die unter Umständen zeit- und kostenaufwendige Anordnung der Beibringung eines Gutachtens zur Beurteilung der Fahreignung. Denn die Beweislast für die Fahreignung trägt Ihr *Patient*.

Aus diesem Grunde werden Sie die Selbstverantwortung Ihres Patienten stärken, um mit ihm gemeinsam die bestmögliche Klärung der Fahreignung herbeizuführen zur Weiterverfolgung und Unterstützung des Mobilitätsinteresses Ihres Patienten und zur beidseitigen Haftungsminimierung.

Sie unterstützen Ihren Patienten in der spezifischen Behandlungssituation, indem Sie die *KONDIAG-Untersuchungsergebnisse* mit Ihrem Patienten erörtern und gemeinsam klären, wie die Behandlung seiner Erkrankung zur Wiederherstellung der Fahreignung aussehen kann.

## V Ablauf der ärztlichen Beratung und Begutachtung im Rahmen der Inanspruchnahme KONDIAG

Wie in jedem Begutachtungsfall sind die verkehrsmedizinischen Gutachter im Hinblick auf ihre Bewertung auf die individuellen Angaben des

Betroffenen angewiesen unter Bezug auf die vorliegenden medizinischen Befunde.

Bei bestimmten Erkrankungen (z. B. Apoplex oder Demenz) wird man den Betroffenen zu einer zusätzlichen, also interdisziplinären Abklärung der psychofunktionalen Leistungsfähigkeit raten müssen zur endgültigen Abklärung der Fahreignung.

In jedem Fall entsprechen die Gutachten den Forderungen der Anlage 15 FeV und § 11 Abs. 5 FeV, besonders im Hinblick auf Anlassbezug, Verständlichkeit, Nachvollziehbarkeit, Nachprüfbarkeit und Vollständigkeit.

Im Rahmen der KONDIAG-Begutachtung wird zunächst eine Problemzuordnung erfolgen durch den Überblick über die verkehrsmedizinische Thematik (Beachtung der spezifischen Fragestellung des Klienten oder seines behandelnden Arztes). Nach Unterlagenprüfung (Vollständigkeit der ärztlichen Vorgeschichtsdaten und ärztlichen Befundlage) Befragung (Anamnese) des Klienten zur spezifischen Erkrankung und zur allgemeinen Krankheitsvorgeschichte erfolgt eine ärztliche Untersuchung, mit Erhebung eines allgemeinmedizinischen, ggf. neurologischen und/oder psychiatrischen Befundes (ggf. Erhebung eines Laborstatus).

Auf ärztliche Anforderung oder nach Maßgabe der Erforderlichkeit seitens des Krankheitsbildes wird (zusätzlich) eine psychofunktionale Leistungsüberprüfung vorgenommen, die allerdings als (Zusatz-)/Information auch direkt angefordert werden kann.

Ihr Patient kann auf Wunsch das Begutachtungsergebnis mündlich zur Kenntnis bekommen oder als schriftliches Gutachten.

## VI Ihr Partner: Der KONDIAG-Gutachter

Die Komplexität des Rechts der Fahrerlaubnis sowie die Inhärenz medizinischer Fragestellungen erfordert sowohl im Interesse des Fahrerlaubnisinhabers oder -bewerbers als auch im Interesse der Verkehrssicherheit zwangsläufig ein Höchstmaß an Kompetenz.

Es ist die originäre *Aufgabe des Gutachters*, die Defizite (Mängel) bzw. die pathologische Befindlichkeit (Krankheit) des Probanden zu befunden, die Befundtatsachen diagnostisch einzuordnen und auf der Grundlage dieser spezifisch medizinischen Feststellungen eine hierauf aufbauende Prognose anzustellen in Bezug auf eventuelle Konsequenzen bei Teilnahme des Patienten am (motorisierten) Straßenverkehr – dies allerdings unter Bewertung aller eventuellen Kompensationsmöglichkeiten.

Ihr KONDIAG-Gutachter ist selbstverständlich *spezialisiert* und *verkehrsmedizinisch* besonders ausgebildet, und er verfügt über besondere Erfahrungen durch praktische Tätigkeit (§§ 65–67, 72 FeV) und er ist *neutral*.

Gerade die Neutralität der KONDIAG-Begutachtung bietet einen Vorteil, besonders bei Patienten mit Akzeptanzproblemen.

Grundlage für die verkehrsmedizinische und verkehrspsychologische Begutachtung sind die Begutachtungs-Leitlinien zur Kraftfahrereignung.

Während die FeV und deren Anlagen die rechtlichen Rahmenbedingungen und Voraussetzungen der Fahreignung beinhalten, sind die Begutachtungs-Leitlinien zur Kraftfahrereignung die Wiedergabe allgemein gültiger wissenschaftlicher Erkenntnisse, die im konkreten zu untersuchenden Einzelfall letztendlich das Fahrerlaubnisrecht normativ ausfüllen.

Hieran orientieren sich sowohl die Rechtsprechung als auch die Fahrerlaubnisbehörden.

Sie sind für den Richter bindend (BGH NZV 1990, 357).

*Gesicherte Befundlage* Ein weiterer Vorteil resultiert aus der Tatsache, Ihren Patienten interdisziplinär, also verkehrsmedizinisch und verkehrspsychologisch zu untersuchen, um zu einer bestmöglichen Absicherung der Befundlage zu kommen.

Die partnerschaftliche Unterstützung durch die konsiliarärztliche Plattform KONDIAG wird Ihnen und Ihrem Patienten ein Höchstmaß an Absicherung verschaffen; Arzt und Patient finden in KONDIAG die gewünschte unabhängige und neutrale Unterstützungsplattform für das Mobilitätsinteresse. Die Inanspruchnahme von KONDIAG bedeutet zugleich die Minimierung beträchtlicher haftungsrechtlicher Risiken.

## VII KONDIAG-Adressen

Mehr über KONDIAG erfahren Sie bei:

### TÜV Technische Überwachung Hessen GmbH

Medizinisch-Psychologisches Institut
60489 Frankfurt am Main
Eschborner Landstraße 42–50
Telefon: (0 69) 97 88 24-0
Fax: (0 69) 97 88 24-18
E-Mail: mpi.frankfurt@tuevhessen.de

### TÜV MPI GmbH Service-Center

80686 München
Westendstraße 199
Telefon: (0 89) 57 91-19 22/19 23
Fax: (0 89) 57 91-23 74
E-Mail: MPI.Muenchen@tuev-sued.de

70173 Stuttgart
Arnulf-Klett-Platz 3
Telefon: (07 11) 90 71 18-10
Fax: (07 11) 90 71 18-33
E-Mail: MPI.Stuttgart@tuev-sued.de

66111 Saarbrücken
Dudweilerstraße 2a
Telefon: (06 81) 3 79 74-0
Fax: (06 81) 3 79 74-17
E-Mail: MPI.Saarbrücken@tuev-sued.de

67655 Kaiserslautern
Bahnhofstraße 22
Telefon: (06 31) 3 03 94-0
Fax: (06 31) 3 03 94-17
E-Mail: MPI.Kaiserslautern@tuev-sued.de

*KONDIAG-*     04103 Leipzig
*Adressen*     Büttnerstraße 10
               Hofmeisterhaus
               Telefon: (03 41) 2 11 81-60
               Fax: (03 41) 2 11 81-62
               E-Mail: MPI.Leipzig@tuev-sued.de

               20095 Hamburg
               Glockengießerwall 19
               Telefon: (0 40) 79 41 64-0
               Fax: (0 40) 79 41 64-28
               E-Mail: MPI.Hamburg@tuev-sued.de

# Abkürzungsverzeichnis

| | |
|---|---|
| a.a.O. | am angegebenen Ort |
| Abs. | Absatz |
| a. F. | alte Fassung |
| AGB | Allgemeine Geschäftsbedingungen |
| AKB | Allgemeine Kraftfahrzeugversicherungs-bedingungen |
| Anl. | Anlage |
| Art. | Artikel |
| ArztR | Zeitschrift für Arztrecht |
| AUB | Allgemeine Unfallversicherungsbedingungen |
| Aufl. | Auflage |
| Az. | Aktenzeichen |
| BAK | Blutalkoholkonzentration in Promille |
| BASt | Bundesanstalt für Straßenwesen |
| BayVGH | Bayerischer Verwaltungsgerichtshof (München) |
| bbH | bauartbedingte Höchstgeschwindigkeit |
| Beschl. | Beschluss |
| BGB | Bürgerliches Gesetzbuch |
| BGH | Bundesgerichtshof |
| BGHSt. | Amtliche Sammlung der Entscheidungen des Bundesgerichtshofs in Strafsachen |
| BGHZ | Amtliche Sammlung der Entscheidungen des Bundesgerichtshofs in Zivilsachen |
| BKatVO | Bußgeldkatalog-Verordnung |
| BSGE | Amtliche Sammlung der Entscheidungen des Bundessozialgerichts |
| BtM | Betäubungsmittel |
| Buchst. | Buchstabe |
| BVerwG | Bundesverwaltungsgericht |
| ca. | circa |
| DAR | Deutsches Autorecht |

| | |
|---|---|
| DMW | Deutsche Medizinische Wochenschrift |
| EEG | Elektroenzephalogramm |
| EU | Europäische Union |
| EWG | Europäische Wirtschaftsgemeinschaft |
| EWR | Europäischer Wirtschaftraum |
| FE | Fahrerlaubnis |
| FeV | Fahrerlaubnis-Verordnung |
| FeVÄnderV | Änderungsverordnung zur Fahrerlaubnis-Verordnung |
| ff. | folgende Seiten |
| FmH | Fahrrad mit Hilfsmotor |
| FzF | Fahrerlaubnis zur Fahrgastbeförderung |
| GSSt | Großer Senat für Strafsachen am Bundesgerichtshof |
| Hess. | hessische/r |
| i.V.m. | in Verbindung mit |
| JZ | Juristenzeitung |
| KfzPflVVG | Kraftfahrzeugpflichtversicherungs-Verordnung |
| kg | Kilogramm |
| Kom | Kraftomnibus |
| KONDIAG | Konsiliardiagnostische Untersuchung |
| kW | Kilowatt |
| LÄK | Landesärztekammer |
| LG | Landgericht |
| Lkw | Lastkraftwagen |
| m.A. | meiner Auffassung |
| MDR | Monatsschrift für Deutsches Recht |
| MedR | Zeitschrift für Medizinrecht |
| MPI | Medizinisch Psychologisches Institut |
| MPU | Medizinisch Psychologische Untersuchung |
| m.w.N. | mit weiteren Nachweisen |
| NJW | Neue Juristische Wochenschrift |
| NZV | Neue Zeitschrift für Verkehrsrecht |

| | |
|---|---|
| o. ä. | oder ähnliche |
| OLG | Oberlandesgericht |
| OLGR | Rechtsprechungssammlung (Oberlandesgericht) |
| OVG | Oberverwaltungsgericht |
| PartGG | Gesetz über Partnerschaftsgesellschaften Angehöriger Freier Berufe |
| Pkw | Personenkraftwagen |
| Rdnr. | Randnummer |
| s. | siehe |
| S. | Seite |
| s. o. | siehe oben |
| sog. | so genannt(er) |
| StGB | Strafgesetzbuch |
| StPO | Strafprozessordnung |
| StVG | Straßenverkehrsgesetz |
| StVO | Straßenverkehrs-Ordnung |
| StVZO | Straßenverkehrs-Zulassungs-Ordnung |
| TÜV | Technischer Überwachungsverein |
| u. a. | und andere/unter anderem |
| u. U. | unter Umständen |
| Urt. | Urteil |
| VersR | Zeitschrift für Versicherungsrecht, Haftungs- und Schadensrecht |
| VG | Verwaltungsgericht |
| VGH | Verwaltungsgerichtshof |
| VM | Verkehrsrechtliche Mitteilungen |
| VO | Verordnung |
| VRS | Verkehrsrechtssammlung |
| VVG | Versicherungsvertragsgesetz |
| z. B. | zum Beispiel |
| zfs | Zeitschrift für Schadensrecht |
| zGM | zulässige Gesamtmasse |

# Stichwortverzeichnis
(Die Zahlen bezeichnen die Seiten)